QUE QUERES?

A fantasia fundamental e seu mais além

QUE QUERES?

A fantasia fundamental e seu mais além

Virgínia Carvalho

/re.li.cá.rio/

Coleção BIP
Biblioteca do Instituto de Psicanálise

Dados Internacionais de Catalogação na Publicação (CIP) de acordo com ISBD

C331q

Carvalho, Virgínia

Que queres? A fantasia fundamental e seu mais além / Virgínia Carvalho; paratextos por Ana Lydia Santiago, Jésus Santiago. - Belo Horizonte: Relicário, 2025.

204 p. ; 14,5 x 21 cm. - (Coleção BIP - Biblioteca do Instituto de Psicanálise ; v. 9)
ISBN 978-65-5090-040-3

1. Psicanálise. 2. Fantasia - Aspectos psicológicos. 3. Fantasma - Teoria - Lacan, Jacques, 1901-1981. I. Santiago, Ana Lydia. II. Santiago, Jésus. III. Título.

CDD: 150.1952
CDU: 159.96

Elaborado pelo bibliotecário Tiago Carneiro - CRB-6/3279

COLEÇÃO BIP – BIBLIOTECA DO INSTITUTO DE PSICANÁLISE
DIREÇÃO Ana Lydia Santiago

COORDENAÇÃO EDITORIAL Maíra Nassif Passos
EDITOR-ASSISTENTE Thiago Landi
PROJETO GRÁFICO, DIAGRAMAÇÃO & CAPA Ana C. Bahia
PREPARAÇÃO Silvia P. Barbosa
REVISÃO Guilherme Ribeiro

/re.li.cá.rio/

Rua Machado, 155, casa 4, Colégio Batista | Belo Horizonte, MG, 31110-080
contato@relicarioedicoes.com | www.relicarioedicoes.com
relicarioedicoes relicario.edicoes

No último ensino de Lacan, fantasia e pulsão
serão confundidas no sinthoma como modo de gozar.
Em outras palavras, o balé que esboço entre fantasia e pulsão
tem grande futuro no ensino de Lacan, a ponto de os termos
se confundirem no uso que ele fará do termo *sinthome*.

Jacques-Allain Miller
"Apresentação do Seminário 6: o desejo e sua interpretação"

SUMÁRIO

PREFÁCIO

LOCALIZAR, CONSTRUIR E IR ALÉM

Ana Lydia Bezerra Santiago e Jésus Santiago

O livro de autoria de Virgínia Carvalho – *Que queres? A fantasia fundamental e seu mais além* – faz uma escolha decidida por abordar o fantasma como épura, ou enquadre, verdadeira janela da realidade psíquica pela qual o sujeito vê e experimenta o seu laço com o mundo. Sob esse ponto de vista, o fantasma aparece como detentor de uma lógica que se desenrola nos diversos momentos da experiência da análise, sendo que a direção do tratamento terá por encargo saber localizá-la, construí-la, e mesmo permitir ir além. Justamente em função dessa lógica inerente ao funcionamento do fantasma, o ponto de partida deste livro é abordar a melhor maneira de traduzir o problema clínico daquilo que, em francês, se nomeia *fantasme.*

Como a própria autora afirma, o uso fundamental do fantasma exige tomá-lo como "o elemento articulador entre o funcionamento libidinal e a realidade psíquica".[1] Evidentemente, é por isso que o fantasma fundamental aparece na clínica lacaniana como o que comanda as repetições da vida do sujeito.

Faz algum tempo que Jacques-Alain Miller buscou evidenciar o essencial da lógica do fantasma no transcurso do tratamento analítico por meio dos dois comediantes célebres da história do cinema – o gordo e o magro.[2] De um lado, o status anoréxico do desejo marcado pela

1. Trecho extraído do presente livro. Cf. p. 80.

2. MILLER, J.-A. El significante amo y el objeto *a*. Lição de 02/03/1983. In: *Del síntoma al fantasma y retorno*. Buenos Aires: Paidós, 2018. p. 244.

metonímia do vazio do sujeito dividido pelo significante e, de outro, o gozo que provém do fantasma e que sofre dos excessos próprios de uma obesidade devido à sua vontade bulímica de gozo. Tanto na ficção cinematográfica quanto na prática psicanalítica, esses dois personagens entram em cena segundo uma trama em que o gordo e o magro se entrelaçam de maneira tal que um não existe sem o outro. O lado hiper *light* e anoréxico de um não existe sem os excessos da obesidade do outro. Em suma, a liberdade e o deslize metonímico do sujeito vazio se veem encarcerados pelo peso do gozo, que se exprime na prostração estática do fantasma.

A clínica psicanalítica esclarece que a tendência quase "natural" e espontânea do sujeito a recorrer às identificações, que têm a sua fonte nos significantes que emanam do Outro, pode significativamente variar ao longo do tratamento. No entanto, seu apego e sua adesividade ao objeto mais-de-gozar do fantasma se apresenta como algo que não se desloca e nem pode transitar, como é o caso dos mais diversos processos identificatórios. A insustentável leveza do que é o *ser* para a psicanálise, a saber, a *falta-a-ser*, não se sustenta, pois cai sempre como presa fácil das malhas do fantasma. Se os limites do simbólico tomam pouco a pouco o seu acento no curso da elaboração clínica de Lacan, é porque tanto a fixação quanto a repetição de gozo indicam que o deslocamento metonímico da *falta-a-ser* na dinâmica do sujeito do desejo é apenas a superfície do problema. É diante dessa limitação do simbólico para captar o circuito das fixações e da repetição que a prática lacaniana passa a estar orientada rumo a esse real.

Esse limite do simbólico, que se impõe ao fazer clínico do analista, é o que levou o ensino de Lacan a dar um destaque especial ao gozo. No início, o gozo é concebido como aquele em que o falo é seu significante primordial. É bem provável que por isso o fantasma assuma em muitos casos um teor viril. Porém, esse gozo fálico que tem como correlato o lado viril do fantasma não é todo o gozo. É nítido que a invenção da lógica do fantasma que envolve seu componente fundamental, que é o objeto *a*, vem responder à sua necessidade de ir além da profusão das identificações como principal recurso para lidar com a metonímia da *falta-a-ser*. Certamente, a ênfase na travessia do fantasma como desfecho do tratamento é o que torna insuficiente uma definição do final de análise baseada na dissolução dos impasses da chamada identificação fálica. Uma questão se explicita: uma vez o falo desvelado, conclui-se que não passa de um véu, que, no fundo, mascara a relação do sujeito com o gozo. É por isso que Lacan passa do falo ao objeto *a*, ou seja, o que se apresenta, em Freud, como o rochedo da castração, em Lacan se revela como o modo de gozo. Ali onde Freud esbarra com o rochedo da castração, Lacan instala a questão do modo de gozo, e este não tem como ser discernido sem a aparelhagem fantasmática própria do sujeito para lidar com a *falta-a-ser*. Com a leitura deste livro de Virgínia Carvalho torna-se possível constatar, em detalhe, em que medida o ensino de Lacan desloca-se desse ponto de aplicação do final de análise, que, em Freud, é a castração, para aquele da fratura da aparelhagem fantasmática do sujeito.

Aliás, é preciso dizer que o passe apenas se torna um dispositivo após essa reviravolta de ensino de Lacan em que o fantasma, sua construção e sua travessia, passam a ser um sustentáculo de sua doutrina do final de análise. Apoiando-se na leitura fecunda que faz Jacques-Alain Miller, o livro toma posição quanto à necessidade de não considerar a experiência do passe como regida apenas pelo funcionamento do saber. À luz dessa orientação, a autora mostra, com o material rico e fecundo dos testemunhos de passe, que o privilégio dado às *demonstrações de saber*, muitas vezes associadas ao final de análise concebido como construção e travessia do fantasma fundamental, veio revelar-se, pouco a pouco, também ser insuficiente. No tocante ao saber, o final não implicava somente a lógica de construção do fantasma, mas, notadamente, demonstrar de que modo o sujeito se fez um joguete de sua própria montagem fantasmática. Sem dúvida alguma, essa ênfase no aspecto da demonstração de saber é bastante distinta do final que abraça a contundência de uma verdade que se afirma muito mais pela *experiência de satisfação* que ela promove do que pela sua pretensão de um acesso exaustivo ao real.

O final de análise que se coloca para além da fantasia não visa, portanto, uma identificação, muito menos uma identificação ao analista, como propunham grande parte dos analistas após Freud. Diante disto, o final de análise para a prática lacaniana passa a ser a fabricação de um analista cujo sustentáculo é o *desejo do analista*. Em *Os quatro conceitos fundamentais da psicanálise*, Lacan chama a atenção para o fato de que o desejo do analista não diz respeito a um desejo puro, e tampouco a um desejo de nada.[3] É um desejo que se inspira em Freud e segue seus rastros, quando ele afirma que o analista visa, antes de tudo, obter uma verdade. Segundo Miller, o desejo do analista visa a redução das identificações, inclusive aquelas concernentes, como se disse antes, a buscar, no paciente, certos traços de seu analista.[4] Em consequência, o desejo do analista se exerce no sentido de obter a fratura do fantasma. Trata-se, assim, segundo um termo empregado por Lacan, de fazer a *esfoliação*[5] da selva imaginária do fantasma, obtendo-se, desse modo, a deflação do desejo, a redução dos objetos do desejo ao objeto *a*.

Belo Horizonte, 15 de agosto de 2025

3. LACAN, J. *O Seminário, livro 11*: Os quatro conceitos fundamentais da psicanálise. Texto estabelecido por Jacques-Alain Miller; tradução de M. D. Magno. Rio de Janeiro: Jorge Zahar Ed., 1988. (Trabalho original proferido em 1964). p. 260.

4. MILLER, J.-A. Ponto de capitonê. In: *A fábrica de psicanalistas*. Rio de Janeiro: Contra Capa, 2025. p. 267.

5. LACAN, J. *Le séminaire, livre XXV*: Le moment de conclure. Lição de 15 de novembro de 1977. (Inédito).

CAPÍTULO I

FANTASIA OU FANTASMA?

Fantasia ou fantasma? Freud utiliza o termo alemão *fantasy*, que é traduzido por "fantasia". Em Lacan, o termo é *fantasme* ou *phantasme*. No dicionário Le Robert (2024), esse termo se refere a ideia, representação imaginária sugerida pelo inconsciente e, ainda, a uma produção do imaginário pela qual o Eu procura escapar ao controle da realidade. O termo *fantaisie* é um anglicismo que se refere ao gênero literário em que "a ação se passa em um mundo imaginário habitado por seres sobrenaturais, míticos ou lendários" (LE ROBERT, 2024). Para descrever o fantasma do pai de Hamlet, Lacan se serve da palavra *fantôme*, que no referido dicionário remete à aparição sobrenatural de uma pessoa morta, um espírito, espectro, ou, no sentido figurado e literário, um simulacro, podendo também designar um ser imaginário.

Em português, "fantasia" designa, dentre outros significados, "uma faculdade de criar pela imaginação", e o fantasma, uma "visão que apavora, que aterroriza", incluindo aí o espectro, "alma do outro mundo" (HOUAISS, 2019).

Angelina Harari (2024), responsável pela tradução dos textos de Lacan no Brasil, nos conta que, nas primeiras e incipientes traduções de Lacan para o português, usava-se o termo "fantasma", tal como se fazia no espanhol (que também dispõe dos termos *fantasía* e *fantasma*). No contexto de constituição da Escola Brasileira de Psicanálise, os textos de Lacan foram sendo cada vez mais traduzidos e houve uma grande discussão a respeito do termo "fantasma". Os psicanalistas argumentavam que a acepção de "assombração" nele presente distanciaria esse significante da acepção de *fantasme* em francês. Nesse sentido, optou-se por utilizar o termo "fantasia", anulando a validade do termo "fantasma" no português. Dessa maneira, nos *Escritos* – coletânea lançada no Brasil em 1998 –, o termo "fantasia" foi o escolhido, assim como em todas as demais publicações de Lacan e do Campo Freudiano até 2024. Angelina Harari (2024) considera que essa decisão acabou reforçando uma certa "ditadura" do uso do termo, já que a partir disso não se podia mais usar a outra tradução.

Ainda assim, alguns psicanalistas preferiam se servir da palavra "fantasma" para separar as fantasias cotidianas do fantasma fundamental. Aqueles que acreditam que a melhor tradução seria a de "fantasia" sustentavam que as diversas fantasias imaginárias das quais o neurótico se serve obedecem a uma mesma lógica que se encontra reduzida na fantasia fundamental, daí não ser necessário um significante diferente para descrevê-la.

A proposta de "quebrar a ditadura" da fantasia, democratizando a tradução, é a primeira das razões que Harari (2024) aponta para justificar a opção de traduzir o Seminário 14 de Lacan por *A lógica do fantasma*. A segunda razão se refere a uma possibilidade de maior conversa entre o português, o espanhol e o francês, pela assonância do termo "fantasma" com aqueles utilizados nas duas outras línguas. Ela indica também uma citação de Jacques-Allain Miller a propósito do lançamento do Seminário 14 em francês:

> de uma maneira esquemática, digamos que o fantasma tem um triplo estatuto. Primeiro, o fantasma como devaneio. (...) O segundo sentido é mais delicado: trata-se do fantasma como meio de gozo – solitário, aqui também. É, digamos, a imagem, o pensamento, a frase, o cenário que suscita e acompanha a masturbação (...). O terceiro sentido é o mais complexo: o fantasma inconsciente, o fantasma dito *fundamental* dá seu enquadre a toda vida mental do sujeito e se descobre no decorrer do tratamento. (MILLER, 2024, p. 22-23)

Para Angelina Harari (2024, n.p.), esses três sentidos do fantasma – o primeiro como devaneio, o segundo como meio de gozo e o terceiro como inconsciente – justificam a utilização do termo "fantasma" em português para falar do fantasma inconsciente, e nesse sentido "o inconsciente vai prevalecer sobre a ideia da assombração".

Lacan (1971/2019) afirma que traduzir é reduzir e, ao mesmo tempo, perder. Essa perda concerne ao real, o real do inconsciente. Nesse sentido, uma boa tradução é aquela que traz o consentimento com essa perda e, por isso mesmo, permite uma satisfação com o texto nessa passagem entre línguas.

A recente decisão da responsável pela tradução de Lacan de dar lugar ao termo "fantasma", sem apagar a "fantasia", permite que ambos façam parte de nosso trabalho em torno do tema do *fantasme* que também inclui a elaboração sobre a *fantasy* freudiana. Fica claro que não há uma busca pela tradução mais correta, senão uma abertura para que se possa tomar a palavra, sem tentar tamponar o impossível de se traduzir, que é inerente ao próprio real.

O *fantasme* comporta traduções distintas, de acordo com o momento de cada texto. Tanto nos demais Seminários de Lacan, como nos *Escritos* e nos *Outros escritos*, o termo adotado foi o de "fantasia". E é interessante o apontamento de Miller (2024) de que o Seminário *A lógica do fantasma* não é o principal seminário de Lacan sobre essa lógica: no Seminário 6 há muito mais elaborações sobre o tema do que no Seminário 14. Levando em conta que o trabalho apresentado no presente livro se serve muito dessas elaborações, bem como o fato de que elas antecedem o recente lançamento da tradução do Seminário *A lógica do fantasma*, e seguindo a proposta "democrática" sugerida por Harari (2024), a opção adotada será a de manter o termo "fantasia".

Fantasia *e* Fantasma

A partir de um recenseamento digital acerca do uso dos termos "fantasia" ou "fantasma" nos Seminários de Lacan construímos o seguinte gráfico:

Gráfico 1

Ocorrências dos termos "fantasia" e "fantasma" nos Seminários de Lacan

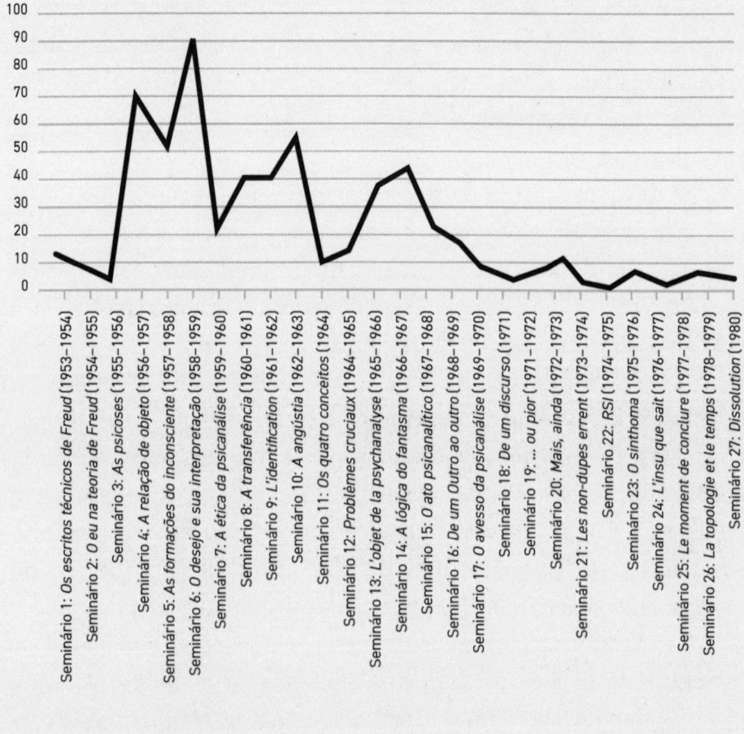

Fonte: Elaborado pela Autora, 2015.

É inquietante o fato de que o termo apareça com tanta frequência nas décadas de 50 e 60 e tenha praticamente desaparecido dos Seminários nos anos seguintes. Até mesmo o Seminário 14, *A lógica do fantasma*, de 1966-1967, não tem tantas menções à fantasia como o Seminário sobre *O desejo e sua interpretação*, de 1958-1959. Mesmo com o desaparecimento do termo, os analistas mantêm o interesse pelas fantasias e pelo fantasma tanto na prática clínica quanto nas elaborações epistêmicas.

A formalização sobre o *sinthome* introduz uma nova concepção do final de análise que não é dicotômica nem deixa de lado a lógica da fantasia fundamental. Há descontinuidades, mas não uma oposição entre a travessia da fantasia fundamental e a identificação ao *sinthome*. Em função dessa hipótese, o termo "mais além", tal como utilizado por Freud (1920/1996) no seu "Além do princípio do prazer", serve para evidenciar que o *sinthome* não exclui a fantasia, embora a ultrapasse.

Miller (2014a, p. 6) nos auxiliou na formulação de tal hipótese, com a seguinte afirmação: "O balé que esboço entre fantasia e pulsão tem um grande futuro no ensino de Lacan, a ponto de os termos se confundirem no uso que ele fará do termo *sinthome*". Nesse sentido, a mudança de acento da travessia da fantasia ao *sinthome* no final de análise ainda assim não a dispensa. Pode-se considerar que o *sinthome*, que diz respeito a um modo singular de gozo e ao qual o sujeito neurótico se identifica ao final da análise, se constitui a partir dessa travessia?

O percurso realizado neste livro é fruto de uma longa investigação que surgiu a partir da pergunta sobre o que levaria uma análise ao seu final. Sabe-se, através da orientação lacaniana, que não é possível estabelecer um tratamento psicanalítico a partir de padrões. Há uma originalidade presente em cada final de análise, que não pode ser prevista ou enquadrada. Uma regra geral e *standard* para o final de análise não existe, visto que é singular. Contudo, há princípios que norteiam a clínica psicanalítica e lhe são importantes,[1] sendo eles construídos a partir do encontro entre a clínica e a formalização conceitual.

A fantasia funciona como uma "chave das repetições da vida do sujeito". Tal afirmação, indicada por Jésus Santiago em seu seminário intitulado "A lógica da fantasia e o '*sinthome* sexual'", ministrado na UFMG em 2011, inspirou esta investigação, que também se materializou em uma dissertação de mestrado (SILVA, 2014) e em uma tese de doutorado (SILVA, 2020).[2]

Houve muito mais mudanças de Freud a Lacan do que se pode mensurar. É o que indica Miller (2014a), que também propõe que,

1. Laurent (2016) estabeleceu alguns deles em um texto denominado "Princípios diretores do ato psicanalítico".

2. Estes dois trabalhos contaram com a preciosa orientação de Jésus Santiago. Na tese de doutorado, somaram-se as excelentes contribuições de Gilson Iannini.

para conhecê-las, é preciso não se apegar aos antigos esquemas, e nem mesmo se afastar da experiência, para não se deixar esmagar sob o muro da linguagem. Também não é o caso de permitir que as novas perspectivas eliminem os realces que as antigas evidenciaram. Antes mesmo do lançamento dos estabelecimentos do Seminário 6 e do Seminário 14, Miller (2014a, p. 34) considerava que haveria

> um certo paradoxo no fato de que, em nossa clínica, o termo fantasia se encontre, de algum modo, apagado, ao passo que, ao mesmo tempo, nos apaixonamos para identificar e cingir o final da análise como se, por uma clivagem, reservássemos a questão da fantasia para o final da análise e a obliterássemos do lado da clínica.

Em *O osso de uma análise*, Miller (2015) indica que, em nossa sociedade, o que ascende ao zênite é a fantasia, já que vivemos em um mundo em que há uma indústria extraordinária da fantasia pela mídia, sempre a oferecer fantasias *prêt-à-porter*, a um clique. Não é incomum escutarmos relatos de que as crianças não sabem mais brincar, pois estão capturadas pelas telas e sofrem de um tédio permanente. A ascensão massiva da pornografia no mundo também é um indicativo dessa indústria da fantasia.

Nessa perspectiva, ao mesmo tempo em que está munida de fantasias prontas, essa sociedade angustiada não consegue fantasiar por si só, sem dispor desse arsenal acessível no mercado. E Lacan (1962-63/2005) evidencia que a angústia surge quando, diante do desejo do Outro, há uma desestabilização da fantasia, sem nenhuma resposta que lhe faça frente.

Phantasia

A noção de fantasia não tem seu surgimento em Freud, que também não subverte seu uso. Derivada do latim *phantasia*, que remete a "visão, imaginação, aparência, sombra, fantasma, sonho, ideia, concepção", é como "faculdade de imaginar, de criar pela imaginação" (HOUAISS, 2019) que ela é primeiramente abordada por Freud.

A fantasia tem grande importância no contexto de surgimento da psicanálise propriamente dita, o que fica evidente na célebre Carta 69 de Freud a Fliess, de 1897, quando ele diz que não acredita mais em sua neurótica e se abre para reconhecer que "os sintomas neuróticos não estavam diretamente relacionados com fatos reais, mas com fantasias impregnadas de desejos" (FREUD, 1925a/1996, p. 29). É interessante notar que o outro texto de virada na obra freudiana, "Além do princípio do prazer", de 1920, também parece estar marcado pelas elaborações freudianas do "Bate-se numa criança", escrito em 1919.

Aproximadamente meio século depois do marco do abandono da teoria da sedução, foi a vez de Lacan retomar a noção de fantasia para promover uma virada em relação ao que se vinha elaborando, em sua época, em termos de relação de objeto e fortalecimento do Eu. Para o psicanalista francês, o que a fantasia evidencia é que, se há uma relação de objeto, ela é marcada pela falta. Entre o sujeito e o objeto existe um intervalo que reforça o quanto o sujeito é dividido. Foi o que ele sintetizou, delimitando uma fórmula para a fantasia: $\$\Diamond a$ – sujeito barrado em junção e disjunção com o objeto (LACAN, 1957-58/1999).

Miller (2011a, p. 377) localiza que a lógica do tratamento se ordena sob a lógica da fantasia, e justifica essa associação a partir da ideia de que o que a fantasia faz desconhecer é "essa verdade do desejo chamada gozo da pulsão".

O inventor da psicanálise não fala em lógica da fantasia. É Lacan quem o faz e dá toda a importância para essa dimensão. Ainda assim, uma lógica freudiana da fantasia é perceptível sob dois aspectos. No primeiro deles, é possível verificar que a fantasia, tal como trabalhada por Freud, apresenta-se em três dimensões, equivalentes aos registros lacanianos do imaginário, simbólico e real. O imaginário é o que se refere ao plano das imagens, o que busca uma unicidade, mas evidencia uma desordem, uma pluralidade de elementos que mudam de lugar a todo o tempo, tal como a imagem de si mesmo; o simbólico indica uma ordem, uma lei que regularia esses lugares, cada coisa estando em seu devido lugar, tal como um livro da biblioteca que sabemos não estar no seu lugar certo apenas pelo plano das representações; e o real, impossível de ser dito, representado ou imaginarizado, já que está fora da clivagem ordem e desordem, pois ele simplesmente é (MILLER, 2013a). Nesse sentido, a fantasia se apresenta em uma dimensão imaginária, de selva das fantasias; simbólica, tal como um roteiro, expresso na frase "*bate-se numa criança*", nomeada por Freud (1919/2016) de cicatriz do Édipo; e real, em sua dimensão de resíduo imodificável e indizível, que precisa ser construído.

O segundo aspecto de uma lógica da fantasia em Freud aponta para o fato de que, para que se possa ir além da fantasia, é preciso que ela tenha sido construída e reduzida ao que Lacan denominou posteriormente de fantasia fundamental – o que se traduziu por fantasma. Construção e redução são dois termos freudianos aos quais Lacan pode acrescentar a travessia da fantasia e a identificação ao *sinthome,* pilares do tratamento psicanalítico.

A invenção freudiana da psicanálise tornou necessária uma teoria do inconsciente para que sua prática fosse inaugurada. A partir daí, modificações na teoria foram se tornando imprescindíveis em função do que a prática revelava. Nesse sentido, fundando suas raízes em Freud, "a prática lacaniana se mostra inteiramente suscetível por retroação a interferir na teoria, mas também permeável a alterar-se e a reorientar-se por força das mudanças no próprio real" (SANTIAGO, 2014a, p. 2). Por essa razão, a escolha por trabalhar com Lacan vai além de considerar que ele trouxe novos elementos à teoria freudiana. É somente a partir de Lacan que se torna possível ir além da fantasia e da vertente interminável da análise.

A fantasia e sua lógica

Há lógica na fantasia.

Sobre o termo "lógica", de acordo com Silvestre (2011), trata-se de uma disciplina que busca representar enunciados para que se torne possível estudar a validade das inferências. Nesse sentido, seus objetos de estudo são: a proposição, seus termos e o silogismo (ABBAGNANO, 2007).

Na lógica aristotélica, o silogismo é uma dedução que consiste em três sentenças: duas premissas e uma conclusão. São geralmente sentenças com sujeito, um verbo e um predicado. Eles podem ser: Afirmativo Universal (A), Particular Afirmativo (I), Negativo Universal (E) e Particular Negativo (O), tal como o exemplo:

A

–

A pertence a todo B (AaB)

I

–

A pertence a algum B (AiB)

E

–

A não pertence a nenhum B (AeB)

O

–

A não pertence a algum B (AoB)

O sujeito e o predicado que estão presentes nas sentenças do silogismo são nomeados como termos. Há entre os termos uma lei lógica ou uma série de leis lógicas que estabelecem relações entre eles: "Se a é predicado (é verdadeiro) de todo o b, E b é predicado (é verdadeiro) de todo o c, então a é predicado (é verdadeiro) de todo o c", o que está presente no exemplo "Se todos os homens são mortais E todos os australianos são homens, então todos os australianos são mortais" (MORA, 1991).

Há também o *entimema*, que, de acordo com Iannini (2012), concerne a uma argumentação que exige que o leitor a decifre, por não deixar claros seus pressupostos. Seria um silogismo em que falta uma premissa, deixando-a subentendida. Nesse sentido, ele pula uma etapa lógica, constituindo-se mais como uma figura retórica. Houaiss (2019) dá o seguinte exemplo: "Pedro está com febre, logo está doente", que elide a premissa "todos os que têm febre estão doentes".

Um sistema lógico é composto por uma série de definições que propõem entre seus termos uma consequência lógica (SILVESTRE, 2011). Nesse sentido, a transformação de um silogismo em um enunciado mais simples, mais preciso ou mais capaz de decidir sobre a veracidade ou falsidade de outro enunciado é considerada uma operação de "redução" (ABBAGNANO, 2007). Esse processo pode ocorrer por uma redução dos termos do silogismo ao primeiro; por analogia a situações semelhantes (raciocínio apagógico); e, com maior frequência, pelo método de redução ao absurdo ou ao impossível, que se refere à refutação de teses contrárias em função do absurdo ou impossibilidade das relações indicadas por elas (MORA, 1991). Vê-se o seguinte exemplo de redução em Mora (1991): "Se Pedro fuma, Pedro tosse Pedro tosse Pedro fuma". Também no uso matemático da lógica, busca-se a redução para deixar as fórmulas mais concisas e precisas.

Nesse sistema, o *axioma* tem função primordial. Sobre esse termo, Mora (1991) indica que, originalmente, significa dignidade. Em sua acepção mais clássica, é utilizado como um princípio que deve ser considerado como verdadeiro, digno de ser acreditado e valorizado. Os axiomas são princípios gerais, com proposições irredutíveis e aos quais se reduzem todas as outras proposições que neles se apoiam *necessariamente*. Há, no axioma, um imperativo de assentimento, pois, uma vez enunciado e entendido, sua proposição se impõe imediatamente. Mora (1991) apresenta dois exemplos de axiomas: "o todo é maior que a parte" e "duas coisas iguais a uma terceira são iguais entre si". Ambas são noções comuns que apresentam as duas características fundamentais dos axiomas: indemonstrabilidade e evidência.

Embora Freud não tenha feito menção à disciplina da lógica, acompanhando sua apresentação da noção de fantasia concluímos que há uma lógica em sua maneira de concebê-la. Tal conclusão se sustenta na leitura de que a fantasia tem função de axioma, funcionando como um "germe", inclusive na formação de sintomas (LACAN, 1966-67/2024).[3]

3. Lacan se interessou firmemente pela lógica, e Iannini (2012) ressalta desse interesse o encontro com as ideias de Friedrich Ludwig Gottlob Frege (1848-1925), matemático, lógico e filósofo alemão que, trabalhando entre filosofia e matemática, foi um dos criadores da lógica moderna. O recurso lacaniano a Frege deve-se, segundo Iannini (2012), a uma tentativa de afastar a racionalidade psicanalítica de um psicologismo e também de escrever o real sem recursos imaginários que apelem ao sentido. Além disso, há uma

A lógica da fantasia em Freud se apresenta nas três dimensões fantasísticas possíveis de serem localizadas em sua obra. Seria seu aspecto imaginário: o de "selva das fantasias"; o simbólico: da fantasia como roteiro; e o real: da fantasia como uma marca, cicatriz, traço indizível e, ao mesmo tempo, determinante. Embora sejam diferentes, essas três vertentes estão articuladas numa única noção: a de *fantasy*. Elas não são localizadas temporalmente em sua obra e não se anulam. Por essa razão, não podem ser tomadas separadamente. Reconhecer essa lógica evidencia como a fantasia – e o trabalho sobre ela – tem função central no tratamento psicanalítico, já que determina a maneira pela qual os sujeitos fazem suas escolhas, o modo como desejam e como enxergam o mundo.

Em Lacan, essas três dimensões da fantasia também podem ser decantadas, como indicado na citação de Jacques-Allain Miller (2024, p. 22-23) sobre seu triplo estatuto. Lacan aponta a fantasia como uma resposta imaginária que o sujeito constrói à pergunta sobre o desejo do Outro; como o que manifesta a relação do sujeito com o significante – dimensão simbólica; e a fantasia como uma tela que veda o acesso

busca por mostrar a irredutibilidade do caso ao conceito (IANNINI, 2012, p. 242). No texto "Da gramática à lógica: roundtrip Aristóteles-Frege", Iannini (2017) trabalha o tema intrigante da co-existência do recurso a Aristóteles e Frege no percurso de Lacan. Aponta que "frequentemente, nos melhores manuais de lógica ou nas histórias da lógica e de filosofia da linguagem, Frege é apresentado como o paradigma que permite superar a lógica clássica aristotélica. Ou seja, Frege substitui Aristóteles, se quisermos usar nomes próprios, ou, mais genericamente, a lógica moderna supera (e substitui) a lógica clássica. Por várias razões, principalmente pela possibilidade de superar equívocos inevitáveis na lógica aristotélica" (IANNINI, 2012, p. 112). Ele considera que "a lógica aristotélica ou lógica clássica ou ainda lógica silogística é contaminada pela gramática, pela equivocidade da linguagem, pelas armadilhas das línguas naturais". Frege teria avançando em relação a Aristóteles introduzindo uma formalização que busca evitar equivocidades, visando à univocidade dos símbolos lógicos (todos os signos primitivos da álgebra lacaniana, elementos dos matemas, são dessa estirpe: $, a, S1, S2, Φ etc.). Frege substitui a noção de sujeito e predicado da lógica clássica por argumento e função. Iannini (2012) traz diversos exemplos para demonstrar como somos enfeitiçados pela gramática na lógica clássica. Um deles evidencia o modo como esse feitiço leva a um equívoco: "coisas raras são valiosas"; "joias vagabundas são raras"; logo, "joias vagabundas são valiosas".

ao real, ao mesmo tempo que funciona como janela que permite ao sujeito acessar o real.

Miller (2014a), ao apresentar o Seminário 6, aponta que é possível perceber no percurso lacaniano duas lógicas da fantasia. A primeira, que pode ser localizada no Seminário sobre *O desejo e sua interpretação*, que segue o fio de "Função e campo da fala e da linguagem em psicanálise", de 1953, e a segunda, que ele considera a verdadeira lógica, que seria a do Seminário *A lógica do fantasma*, de 1966-1967, que vem no fio de "Posição do inconsciente", de 1960, a partir dos conceitos de alienação e separação, tratados no Seminário 11, de 1964. A diferença entre elas será indicada posteriormente, levando em conta a necessidade de partir do modo como Freud elabora a noção de fantasia para chegar à sua lógica.

CAPÍTULO II

DA SELVA DAS FANTASIAS À FANTASIA FUNDAMENTAL

A fantasia se manifesta de maneiras diferentes ao longo da obra freudiana. Ela irrompe o cenário da criação da psicanálise como *próton pseudos* – termo extraído de Aristóteles para designar o fato de que uma proposição falsa é decorrente de um erro que a precede, uma falsa premissa – o que indica que há um pensamento lógico para se chegar a uma falsidade. Além de *próton pseudos*, as fantasias se apresentam como "primeiras *mentiras*" histéricas (FREUD, 1950[1892-1899]/1996), "defesa contra o trauma" (FREUD, 1950[1892-1899]/1996, p. 406), "lembranças encobridoras" (FREUD, 1950[1892-1899]/1996), "fantasias sexuais" (FREUD, 1910-18/1996), "teorias sexuais infantis" (FREUD, 1905a/1996), "fantasias originárias" (FREUD, 1908/1996), "reservas naturais" (FREUD, 1917/1996), "cicatrizes do Édipo" (FREUD, 1919/2016), "pontos de fixação" (FREUD, 1919/2016) e fuga da realidade (FREUD, 1924/1996). Tais modos de considerá-la não se anulam, entrecruzando-se em três eixos.

A "selva das fantasias"

A "selva das fantasias"[4] coloca em evidência tanto a grande quantidade de elementos imaginários presentes nas fantasias quanto a extensa

4. O termo de Lacan, no francês, é *fôret* que pode ser traduzido por "floresta" (LACAN, 1962/1998) ou "bosque", ou, ainda, "selva". Neste trabalho, optou-se por utilizar "selva da fantasia", como utilizado pela tradução brasileira no texto em que Miller (1988) a destaca, dando-lhe ênfase.

variedade de fantasias existentes na vida psíquica. Tal diversidade se encontra na associação que faz Freud entre a fantasia e uma reserva natural, local em que tudo é preservado e, de certo modo, apartado da realidade.

Convém ressaltar que, embora não seja possível localizar mudanças cronológicas no percurso freudiano sobre a noção de fantasia, essa diversidade imaginária presente na "selva das fantasias" é o que primeiro se apresenta para Freud (1917/1996).

É somente quando dá um lugar para a fantasia em suas elaborações que Freud (1925a/1996, p. 29) pode promover a "transição da catarse para a psicanálise propriamente dita". Em 1897, duas questões o atordoavam, desestabilizando a teoria inicial de que os sintomas de seus pacientes neuróticos respondiam à reminiscência de um trauma de sedução por um adulto. A primeira questão era: por que ainda não havia sido possível levar uma análise à sua conclusão real e exitosa? A segunda pergunta se fazia a partir da reflexão de ter ocorrido no seio de sua própria família um episódio de sedução pelo pai: será que todos os pais são perversos e abusam de suas filhas? Como resposta para essas questões, Freud (1924/1996) se deparou com o papel "extraordinariamente grande desempenhado na vida mental dos neuróticos pelas atividades da fantasia". Isso o fez constatar o "erro" que cometia ao privilegiar a sedução como um fato e, ao mesmo tempo, permitiu-lhe sustentar ainda mais a ideia de que, no psiquismo humano, existe uma instância em que a verdade e a ficção coexistem lado a lado (FREUD, 1950[1892-1899]/1996).

Essa cena é encontrada na Carta 69, de setembro de 1897, em que Freud (1950[1892-1899]/1996, p. 310) diz para Fliess: "não acredito mais em minha neurótica". Ela foi retomada em diversos textos posteriores de Freud e de seus comentadores como um marco importante para o surgimento da psicanálise propriamente dita. O filósofo Jean-Paul Sartre, ao escrever em 1958 o roteiro para o renomado *Freud, além da alma* a convite do diretor do filme, John Huston, deu todo um colorido a esse momento nas cenas que se passam entre Freud e Cecily, paciente de nome fictício (que remete a Anna O.) e que leva o pai da psicanálise a reconhecer a universalidade do amor edípico.

Em 1925, ao revisitar a cena do abandono da teoria da sedução, Freud (1925b/1996, p. 40) conclui: "eu tinha de fato tropeçado pela primeira vez no Complexo de Édipo, que depois iria assumir importância tão esmagadora, mas que eu ainda não reconhecia sob seu disfarce de fantasia". Tal abandono implicava em reconhecer que "os sintomas neuróticos não estavam diretamente relacionados com fatos reais, mas com fantasias impregnadas de desejos, e que, no tocante à neurose, a realidade psíquica era de maior importância que a realidade material" (FREUD, 1925b/1996, p. 29).

Embora seja capital tomar esse marco de 1897, não se pode desconsiderar que Freud já falava das fantasias antes disso. Há certa tendência a se interpretar a Carta 69 como marco da "descoberta da fantasia" e abandono do trauma. A fantasia, entretanto, aparece em Freud muito antes desse momento, embora sem estatuto conceitual. A "descrença" em sua histérica se anuncia claramente em 1897, mas já está presente na ideia de *próton pseudos* ou "primeiras mentiras histéricas", termos indicados no caso Emma, de 1895 (FREUD, 1950 [1892-1899]/1996, p. 406).

Angustiada por não conseguir entrar sozinha em uma loja, Emma procura Freud. Aos doze anos de idade, esteve em um estabelecimento onde avistou dois vendedores que riam muito. Como concluiu que o motivo do riso eram suas roupas, saiu correndo, tomada por um "afeto de susto" (FREUD, 1950[1892-1899]/1996, p. 407). Lembra-se de que um dos vendedores a havia atraído sexualmente e toma esse acontecimento na loja como justificativa para seus sintomas, o que relata para Freud. Este considera que haveria algo de ininteligível nessa explicação, identificando uma estranheza no fato de alguém precisar ser acompanhado em uma loja em função do medo de ser criticado por suas roupas, mesmo trajando-se bem. Por essa razão, pede que a paciente fale mais sobre suas lembranças e, a partir daí, um acontecimento aos oito anos de idade é evocado. Emma esteve em uma confeitaria e o proprietário lhe agarrou os genitais por cima da roupa, com um sorriso. A paciente se recrimina por ter voltado ao local, mesmo após esse fato ter ocorrido.

Das duas cenas, a dos doze e a dos oito anos, Freud (1950[1892-1899]/1996) extrai um elo de ligação: trata-se do elemento riso, que aparece na cena mais tardia através do riso dos vendedores e que, na cena da confeitaria, figura-se no riso do proprietário. O dos vendedores, ao trazer de volta a lembrança do que ocorreu na confeitaria, desperta uma descarga de energia sexual até então sem representação no psiquismo de Emma. E, nesse sentido, a reminiscência dá à lembrança o caráter de um acontecimento, daí ele considerar, à época, que as histéricas sofriam de reminiscências.

A primeira explicação dada por Emma para seu sintoma de não entrar sozinha em uma loja era, segundo Freud (1950[1892-1899]/1996), um *próton pseudos*, erro inicial que conduz a uma estabilidade da resposta sintomática. Há, na explicação, "duas conexões falsas": primeiramente, a ideia de que riam dela em função de suas roupas e, em segundo lugar, o fato de que a atração sexual sentida por um dos vendedores seria motivo para o desencadeamento do sintoma (FREUD, 1950[1892-1899]/1996). Freud acreditava que haveria algo essencial por trás dessa associação aparentemente ininteligível e, ao buscar esse ponto, permitiu que essas conexões se desfizessem, dando lugar à cena traumática.

Mesmo não mencionando a fantasia nesse caso, Freud (1950 [1892-1899]/1996) demonstra já reconhecer aí um movimento neurótico de alterar os fatos no psiquismo para se proteger das lembranças de uma experiência traumática. No relato do caso, ele também não é alheio ao modo paradoxal de satisfação experimentado na cena traumática, o que está condensado no elemento riso – nome dessa satisfação paradoxal. Vê-se que o mecanismo utilizado por Emma se aproxima daquilo que, dois anos mais tarde, Freud (1950[1892-1899]/1996, p. 296) indica como fantasias, que são "estruturas protetoras, sublimações dos fatos, embelezamento deles e [que], ao mesmo tempo, serviriam como autoabsolvição".

Nas cartas e rascunhos pré-psicanalíticos de Freud (1950[1892-1899]/1996, p. 297), as fantasias são localizadas como "fachadas psíquicas construídas com a finalidade de obstruir o caminho para as lembranças" e se relacionam com as "coisas ouvidas", assim como os sonhos estão relacionados com as "coisas vistas" ao longo do dia. Originam-se de uma combinação inconsciente daquilo que foi ouvido com o que se viu ou se experimentou e têm o intuito de tornar inacessível uma lembrança (FREUD, 1950[1892-1899]/1996). Um fragmento de uma cena vista se une a um fragmento auditivo e juntos eles formam as fantasias que, no lugar da memória, permanecem como "ficções inconscientes, não sujeitas à defesa" (FREUD, 1950[1892-1899]/1996, p. 302). Na medida em que vão se intensificando, a ponto de poderem irromper na consciência, há uma tentativa de mantê-las afastadas e, desse modo, os sintomas surgem "mediante uma força que impele para trás, indo desde a fantasia até as lembranças que a constituíram" (FREUD, 1950 [1892-1899]/1996, p. 302). Parte das lembranças seria substituída pela fantasia, enquanto a outra parte conduziria aos impulsos (FREUD, 1950[1892-1899]/1996).

As "coisas ouvidas" de que fala Freud (1950[1892-1899]/1996, p. 293) remontam ao que foi escutado pelas crianças em uma idade muito precoce (seis ou sete meses em diante), mas somente compreendido mais tarde. O termo utilizado por Freud é *nachträglich,* que remete ao fato de um processo traumático apenas ganhar significação em um segundo momento, *a posteriori.* É como no caso Emma (FREUD, 1950[1892-1899]/1996), em que a cena sexual só ganha uma significação anos depois, em sua revivescência do riso – elemento de condensação do caráter sexual que a experiência traumática continha.

A ênfase dada por Freud às fantasias após o abandono da teoria da sedução lhe possibilita reconhecer o caráter encobridor das lembranças neuróticas, pois um fato que foi fantasiado pode perfeitamente ser lembrado como se tivesse ocorrido verdadeiramente. Ou seja, experimenta-se uma fantasia tal como se ela fosse uma lembrança infantil, o que equivale a dizer que as pessoas constroem esses fatos "inconscientemente, quase como obras de ficção" (FREUD, 1950[1892-1899]/1996, p. 298). Trata-se de uma lembrança encobridora, assim como são todas as lembranças relativas à infância, que mostram os primeiros anos da vida não exatamente como eles foram, mas tal como se evidenciam nos períodos em que são despertadas as lembranças. E, nessa perspectiva, as lembranças não emergiriam, e sim seriam formadas.

Por sua dimensão onírica e imaginária, as fantasias acabam constituindo uma nova realidade como uma espécie de proteção à realidade insatisfatória, funcionando como realização de desejo, o que se deduz da afirmação de Freud (1908/2015, p. 137) de que "toda fantasia é a realização de um desejo, uma correção da realidade insatisfatória", ou, ainda, de que apenas o insatisfeito fantasia. Essa fantasia acaba por ganhar um caráter de efetividade (*Wirklichkeit*), como propõe Freud (1917/1996, p. 370): "as fantasias possuem realidade psíquica, em contraste com a realidade material, e gradualmente aprendemos a entender que, no mundo das neuroses, a realidade psíquica é a realidade decisiva".

Embora já esboçada no "Projeto para uma psicologia científica" (FREUD, 1950[1895]/1996) em termos de uma distinção entre a *realidade material* e a *realidade do pensamento*, é em "A interpretação dos sonhos" (FREUD, 1900/1996) que a expressão *realidade psíquica* aparece pela primeira vez. Nesse texto, a realidade psíquica é associada ao inconsciente, e Freud (1900/1996, p. 637) chega a afirmar que "o inconsciente é a verdadeira realidade psíquica", pois ele é tão desconhecido para o sujeito quanto a realidade efetiva. Do mesmo modo que os órgãos dos sentidos não são capazes de fornecer à consciência uma completa representação do mundo externo, o inconsciente somente se apresenta à consciência de modo incompleto.

Freud aponta que o que está por trás do sentimento de culpa dos neuróticos são sempre realidades psíquicas, e nunca realidades concretas. Ou seja, os neuróticos preferem a realidade psíquica e reagem aos pensamentos como se fossem reais, pois supervalorizam seus atos psíquicos (FREUD, 1913/2017). A neurose acaba por "arrancar" o paciente da vida real, alienando-o da realidade, o que Freud explica a partir dos dois princípios que regem o funcionamento mental trabalhados no texto de 1911, "Formulações sobre os dois princípios do funcionamento mental". Trata-se, primeiramente, do princípio de prazer, que consiste em uma atividade psíquica que visa a afastar "qualquer evento que possa despertar desprazer" (FREUD, 1911/1996, p. 238). Nesse princípio, aquilo a que se visa é descarregar a energia livre, sem qualquer representação proveniente do que chega ao aparelho psíquico como estímulo (endógeno ou exógeno). A descarga dessa energia produz uma sensação de prazer, enquanto o seu acúmulo é vivenciado como desprazer. Por ser este um princípio bastante perigoso e ineficaz no que se refere à autopreservação do indivíduo, acontece sua substituição pelo princípio de realidade. Este consiste em uma exigência, por parte do Eu, de adiamento na busca pelo prazer, possibilitando uma tolerância maior ao desprazer.

Há um paralelo feito por Freud (1917/1996) entre a fantasia e o estabelecimento de reservas naturais preservadas da intervenção dos processos civilizatórios (agricultura, indústria, comunicação) para exemplificar o modo como a fantasia é uma das atividades do pensamento que permanece apartada do princípio de realidade. Esse paralelo está presente no texto em que trabalha "Os caminhos da formação dos sintomas", de 1917, que contém elaborações importantes sobre a fantasia. Nesse trabalho, Freud demonstra como, nas reservas naturais, há a preservação do estado original, inclusive do que é inútil e nocivo. A fantasia seria essa reserva e, quanto mais a realidade "aconselha modéstia e contenção" (FREUD, 1917/1996, p. 374), mais exuberantes e floridos se tornam os devaneios, que são sua expressão consciente. Nesse cenário, a fantasia seria responsável por inibir ideias desprazerosas para não serem notadas pela consciência.

Mais tarde, em seu percurso, Freud (1920/1996) reconhece um *mais-além do princípio de prazer*, que consiste em considerar que há situações em que o acúmulo de prazer traz uma satisfação paradoxal que leva os sujeitos a repeti-las. Há um "prazer que não pode ser sentido como tal" (FREUD, 1920/1996, p. 21). Interessante notar que "Além do princípio do prazer" foi escrito pouco tempo depois do texto "Bate-se numa criança", de 1919. Note-se que a fantasia esteve presente em duas reviravoltas essenciais para a construção da teoria psicanalítica.

Quais indicações o estudo sobre a fantasia de surra, de 1919, trouxe para essa nova formulação freudiana e que permitem reconhecer a pulsão de morte, a reação terapêutica negativa e a compulsão à repetição? Qual seria o posicionamento de Freud a respeito da fantasia após o *mais-além*? A fantasia se mantém a serviço do princípio de prazer ou corresponde ao *mais-além*? Esta última é a hipótese defendida por Lacan, que é discordante da de Melanie Klein.

Considerar que a fantasia estaria a serviço dessa satisfação paradoxal (o gozo) presente no *mais-além do princípio de prazer* é dizer, como fez Miller (1988), que a fantasia funciona como uma máquina para transformar gozo em prazer. Portanto, ainda assim, é possível considerar que a fantasia funcionaria tal como uma reserva, buscando manter o sujeito preservado dos impasses em que a realidade o coloca. Ou, nas palavras de Freud, a fantasia propicia um afastamento da realidade de renúncias pulsionais, permitindo ao sujeito criar seus castelos no ar (FREUD, 1908/2015).

Para compreender essa exigência de renúncias pulsionais, é importante um breve percurso pelo conceito de pulsão, este que é dos mais importantes conceitos fundamentais da psicanálise (LACAN, 1964/1998). Segundo a metapsicologia de Freud (1915/2016, p. 25), as pulsões podem ser consideradas como "uma medida da exigência de trabalho imposta ao anímico, em decorrência de sua relação com o corporal". Por isso é um "conceito fronteiriço entre o anímico e o somático" (FREUD, 1915/2016, p. 25). Ela é uma pressão (*Drang*) constante da qual não se pode fugir e que tem como meta a satisfação. Como esta implicaria numa suspensão do estímulo corporal, e isso não é possível, a pulsão insiste como demanda. Sua fonte é corporal, mas seu objeto é o que há de mais variável, pois não está nunca atrelado a ela. É sempre um objeto faltoso, pois será sempre um substituto, o que está escrito por Freud (1905a/1996, p. 210) nos "Três ensaios sobre a teoria da sexualidade" do seguinte modo: "o encontro do objeto é, na verdade, um reencontro". Lacan (1964/1998) a configura como uma montagem surrealista, como um sujeito acéfalo, sem pé nem cabeça.

A pulsão não pode ser satisfeita, nem eliminada; no entanto, pode sofrer alguns destinos. Freud (1915/2016) enumerou quatro: 1) reversão em seu oposto, que seria a mudança da finalidade da pulsão, como, por exemplo, a mudança de atividade para passividade; 2) retorno em direção à própria pessoa, que seria uma mudança no objeto; 3) sublimação, que consiste na modificação da finalidade sexual da pulsão para uma finalidade não sexual e também em uma inibição do alvo, sem restrição da intensidade (FREUD, 1908/2015); e 4) recalque, que consiste na separação entre a ideia e o afeto que a acompanha, mantendo a ideia afastada da consciência.

Sobre o recalque, Freud (1915/2016) lhe concede um ensaio próprio nos seus estudos metapsicológicos. Sua importância é tamanha que Freud chega a dizer, em 1914, que a teoria do recalque é "o pilar sobre o qual repousa o edifício da psicanálise" (FREUD, 1914-16/1996, p. 26). Isso se deve ao fato de que o recalque está fortemente articulado à formação dos sintomas, sendo estes últimos seus derivados. Ao mesmo tempo, é com o fracasso do recalque que o analista vai se deparar ao buscar chegar às ideias inconscientes por trás desses sintomas. Segundo Freud (1915/2016), é o recalque originário (*Urverdrängung*) o responsável pela divisão entre os sistemas pré-consciente/consciente e inconsciente. Esse primeiro recalque consiste em negar o acesso do representante pulsional à consciência, através de um "contrainvestimento". O recalque propriamente dito é o que vai cuidar de sua continuidade e funciona mantendo uma ideia afastada da consciência.

Inicialmente, Freud (1910/1996) considerava que havia dois grupos distintos de pulsão. Um que estava a serviço da autoconservação, que nomeou de pulsões do Eu, e outro que serviria às demandas sexuais. Esse primeiro dualismo pulsional ancorava suas bases no poeta Schiller, que acreditava que "fome e amor" movem as engrenagens do mundo. Em "A concepção psicanalítica da perturbação psicogênica da visão", Freud (1910/1996, p. 201) nos dá algumas imagens para compreendermos como uma mesma fonte poderia obedecer às duas correntes pulsionais:

> A boca serve tanto para beijar como para comer e para falar; os olhos percebem não só alterações no mundo externo, que são importantes para a preservação da vida, como também as características dos objetos que os fazem ser escolhidos como objetos de amor – seus encantos.

Segundo Freud indica em sua Conferência sobre "Angústia e vida pulsional" (FREUD, 1933[1932]/1996), quando começa a estudar o Eu e se aprofunda no conceito de narcisismo, "a distinção entre pulsão do Eu e sexual perde o sentido", já que o Eu é sempre o principal reservatório da libido. Nesse momento, abrem-se algumas perguntas para ele sobre um tipo de pulsão bastante destrutiva que revela uma propensão a restaurar uma situação anterior, um retorno ao inorgânico: uma "estranha pulsão que se volta para a destruição de sua própria morada orgânica essencial". Desse modo, a hipótese de Freud (1932/1996, p. 129) passa a ser a de que existiriam duas classes de pulsão: "as pulsões sexuais, compreendidas no sentido mais amplo – Eros, se preferem esse nome –, e as pulsões agressivas, cuja finalidade é a destruição". As ideias freudianas de que vida e morte se mesclam no processo de viver e de que as pulsões de morte estariam amalgamadas às de vida permitiram a Lacan (1964/1998) considerar que a pulsão é pulsão de morte e que a pulsão de vida já seria um tratamento dado à pulsão.

A pesquisa sobre a noção de pulsão não está desvinculada da fantasia, pois vê-se, nas elaborações de Freud, que a fantasia é uma tentativa de domar a pulsão, visando a proteger o sujeito desse furo que a pulsão revela. Isso porque o que o trajeto pulsional indica é sua força perturbadora, insaciável, incontrolável, indestrutível, ineliminável, indizível e, ao mesmo tempo, desconforme com os objetivos civilizatórios. Por levar em conta esse caráter de excesso presente na pulsão, Freud reconheceu que o sujeito neurótico vive a relação com a sexualidade de modo traumático e, nesse panorama, as fantasias serviriam como defesa ao trauma.

Como o neurótico está sempre tentando fugir da pulsão, ela está sempre insistindo em demandar satisfação. Para Freud (1920/1996), o que produz os traumas são poderosas excitações que conseguem atravessar o escudo protetor do princípio de prazer, rompendo-o e inundando o aparelho psíquico com grandes quantidades de estímulos. Nesse sentido, tendo em vista o excesso libidinal que se depreende da experiência com a pulsão, esta pode ser vista como traumática, o que aponta um dos motivos pelo qual o trauma é sempre sexual em Freud.

O caráter traumático da sexualidade pode ser verificado no caso do pequeno Hans (FREUD, 1909a/1996), e a fantasia como defesa se exemplifica nas construções das teorias sexuais infantis. Hans, do alto de seus quatro anos, está às voltas com o caráter desconcertante das excitações sexuais experimentadas em seu corpo. Inicialmente levado como exemplo da teoria e, posteriormente, como caso clínico em função de seus sintomas fóbicos, Hans demonstra como a relação com o corpo é vivida como algo exterior e fora da representação psíquica. Sua preocupação com seu "faz-pipi", se está atarraxado no mesmo lugar, evidencia como a introdução da sexualidade é traumatizante, mas, ao mesmo tempo, tem uma função organizadora. Isso porque o encontro com o sexual é sempre problemático, já que a falta de proporção entre os sexos deixa entrever a castração – que Freud (1932/1996) indicou como o maior trauma vivido pelo ser humano e que a passagem do caso Hans expressa.

As fantasias infantis são a matriz das fantasias adultas e, por isso, Freud teve grande interesse em reconhecê-las ao estudar a sexualidade infantil e suas manifestações. Ele percebeu que as crianças empreendem grandes pesquisas sobre a sexualidade, edificando teorias e elucubrações a respeito do tema, tal como pequenos cientistas (FREUD, 1909a/1996). Feitas de fantasias imaginárias, as teorias infantis possuem, para as crianças, a função de mantê-las alheias à castração e deixam resquícios na vida adulta.

Freud verificou, também, que há, na temática das investigações infantis, um caráter universal, o que chamou de fantasias originárias (*Urphantasies*): a ameaça de ser castrado, a observação do coito dos pais e a sedução por um adulto.

Com "embelezamento" e "falseamento" dos fatos (FREUD, 1950 [1892-1899]/1996, p. 296), a fantasia constitui uma proteção ao excesso libidinal produzido pelo trauma por favorecer alguma satisfação, ainda que imaginária. Nessa perspectiva, a fantasia propiciaria uma perda da realidade na neurose que pode tomar a forma de um afastamento ou, nos casos mais graves, de uma "fuga da vida real" (FREUD, 1924/1996, p. 205). A neurose busca substituir a ideia desagradável por outra que esteja mais próxima dos desejos dos sujeitos, e o "mundo da fantasia", com seu caráter de reserva, "de um domínio que ficou separado do mundo externo real" (FREUD, 1924/1996, p. 208), é o terreno de onde a neurose tira material para se fixar.

Diferentemente da psicose, que repudia a realidade, a neurose apenas a ignora. Seu mecanismo é o de tentar evitar determinado fragmento da realidade e se proteger dele. Freud (1924/1996) considera que tal fragmento está associado a alguma exigência de satisfação que precisou ser recalcada. É o que acontece com a jovem Elisabeth Von R. que, apaixonada pelo cunhado, sucumbe aos sintomas histéricos a partir do momento em que, no leito de morte da irmã, pensa que ele estaria livre para casar-se com ela. Freud (1893-1895/1996) trabalha esse caso nos "Estudos sobre a histeria" e o evoca novamente no texto de 1924. Nesse caso, toda sua sintomatologia neurótica, manifesta em fortes dores nas pernas, visaria a tentar resolver o conflito, deixando-a reclusa e longe do cunhado. Freud (1924/1996) indica que, se fosse um caso de psicose, a morte da irmã teria sido o elemento rejeitado.

Por promoverem uma satisfação que a realidade insatisfatória não propiciaria (FREUD, 1908/2015), as fantasias permitem ao neurótico suportar a castração – nome desse insuportável que a realidade evoca e sobre o qual as fantasias intervêm como proteção. Ao mesmo tempo, as fantasias podem se tornar fonte de sofrimento por manter o sujeito escravo das suas exigências, dependendo delas para se relacionar com a realidade (FREUD, 1917/1996).

Essa dependência em relação às fantasias leva a uma outra vertente – mais simbólica, pois indica um encadeamento nessas fantasias. Freud (1917/1996) chega a ela ao notar que a cura estaria muito além de uma eliminação dos sintomas, pois percebe que sua remoção abre as portas para um deslocamento sintomático. Isso ocorre porque, segundo Freud (1917/1996), por trás dos sintomas, há a fantasia, uma maneira de satisfação que tenta conciliar libido e realidade. Nesse sentido, ela persiste mesmo com a supressão do sintoma, dando matéria para a constituição de novos sintomas. Tal como ocorre com Rosa, uma paciente que procura análise após a tentativa de eliminar sua compulsão alimentar através da cirurgia de redução de estômago. Essa "solução" havia produzido um deslocamento e instaurado uma nova compulsão, a de furtar pequenos objetos. Tanto a obesidade quanto os furtos revelam uma lógica de funcionamento frente ao desejo: enche-se do que vem do Outro para não ter que se interrogar sobre seu próprio desejo, e a fantasia se constitui como uma resposta à questão sobre o desejo do Outro.

Reconhecer essa lógica por trás da formação dos sintomas é de grande importância para o tratamento psicanalítico, que não se ocupa de uma supressão sintomática. Esta é, inclusive, uma das razões que colocam a psicanálise em lugar diferente do das psicoterapias. Nesse sentido, é essencial reconhecer que essa vertente mais determinante da fantasia não se reduz à sua dimensão imaginária, embora também conte com ela para tanto. Se, na selva imaginária das fantasias, há uma pluralidade de elementos, essa vertente mais estruturante apresenta um estatuto mais simbólico, já que se refere à fantasia como um certo roteiro que determina as escolhas e sintomas dos sujeitos. No Seminário 5, *As formações do inconsciente*, Lacan (1957-58/1999, p. 422) afirma que a fantasia, que participa da ordem imaginária, só adquire função na economia subjetiva através de sua função significante.

Para considerar a importância da função significante da fantasia, um breve resumo sobre a noção de significante na psicanálise se faz necessário. Mesmo sem contar com a presença da linguística, Freud se interessava pelos mecanismos da linguagem (condensação e deslocamento) e pelo "desapego" entre a imagem acústica da palavra (significante) e seu significado, dado por meio da articulação entre os significantes. Isso está evidente em "A significação antitética das palavras primitivas", em que Freud (1910-18/1996, p. 161) localiza esse "desapego" do significante ao significado através do texto escrito por um filólogo e da característica dos sonhos de "combinar os contrários numa unidade" (em que uma única palavra pode designar, ao mesmo tempo, uma coisa e seu oposto). Lacan (1957/1998) faz todo um percurso pela linguística de Saussure para advertir que o significante não atende à função de representar o significado. Ele indica que um significante se articula a outro e só assim se obtém um efeito de significação. Não era o que indicava o linguista, que preconizava a sobreposição do significado sobre o significante. Há um mal-entendido fundamental na linguagem que está colocado desde o início e que se refere ao fato de que uma significação só se constitui quando se remete a uma outra significação, estando, desse modo, sempre em cadeia – nunca isolada. Isso ocorre porque o significante carrega em si a propriedade de ser polissêmico: "manga" pode ser a fruta, pode ser uma parte da camisa, o nome de uma cidade, a conjugação do verbo "mangar", um apelido carinhoso ou jocoso etc.

Assim, a linguagem se constitui de duas leis: a da metonímia e a da metáfora. A primeira se refere ao deslizamento dos significantes, ao que ele nomeia pelo que vai "de palavra em palavra" (LACAN, 1957/1998, p. 509). A segunda refere-se a uma substituição de "uma palavra por outra", o que se obtém no intervalo entre dois significantes, produzindo sentido: "o amor é um seixo rindo ao sol" (LACAN, 1957/1998, p. 512). A lei da metonímia se refere ao que Freud nomeou deslocamento e a da metáfora, à condensação. Se Lacan parte do mal-entendido fundamental da linguagem para chegar à célebre constatação de que "o inconsciente é estruturado como linguagem", é porque considera que o inconsciente trabalha a partir das leis da metáfora e da metonímia. Não se trata de uma caixinha preta nem de obscurantismo, "a linguagem é a condição do inconsciente" (LACAN, 1957/1998, p. 404).

A fantasia se apresenta em uma vertente simbólica exatamente por evidenciar essa submissão às leis da linguagem. O principal texto de Freud sobre essa dimensão é o de 1919, "Bate-se numa criança: contribuição para o estudo da origem das perversões sexuais", que merece um item à parte.

Esse texto foi cuidadosamente lido e examinado por Lacan em vários de seus seminários, dos quais se destaca o Seminário 4, *A relação de objeto* (LACAN, 1956-57/1995); o Seminário 5, *As formações do inconsciente* (LACAN, 1957-58/1999); o Seminário 6, *O desejo e sua interpretação* (LACAN, 1958-59/2016) e o Seminário 14, *A lógica da fantasia* (LACAN, 1966-67/2024).

No Seminário sobre *A relação de objeto* (LACAN, 1956-57/1995, p. 116), o texto em questão é localizado como a síntese de "uma massa considerável de experiências" de Freud e sua tentativa de organizá-las. Em *As formações do inconsciente*, caracteriza-o como um artigo que fez uma reviravolta e deu um passo adiante no pensamento freudiano por mostrar "a instância essencial do significante na formação dos sintomas" (LACAN, 1956-57/1995, p. 241).

O roteiro da fantasia: "*bate-se numa criança*"

"Bate-se numa criança" relata a investigação detalhada feita por Freud (1919/2016) de uma fantasia que se repetia no relato de seus pacientes: a fantasia de surra (ou de espancamento, como preferem algumas traduções). Ele extrai essa fantasia de seis casos clínicos (quatro femininos – dentre os quais o de sua filha Ana Freud[5] – e dois masculinos) e busca, em sua pesquisa, examinar seu modo de funcionamento. Freud localiza que, quase sempre acompanhada por uma satisfação masturbatória realizada nos genitais, tal fantasia se inicia voluntariamente pelo prazer que produz, mas pouco a pouco vai ganhando um caráter de obsessão. Trata-se de um relato que vem carregado de hesitação, vergonha e culpa. Ao falarem de suas fantasias, estas vão ganhando nuances diferentes que podem ser tomadas em três tempos. Na tabela que se segue, elaborada a partir do texto de Freud e também das indicações de leitura de Lacan (1956-57/1995), esses tempos podem ser sintetizados e localizados.

Tabela 1

"Bate-se numa criança"

	Freud	Freud	Lacan
Primeira fase da fantasia, lembrada	"O [meu] pai está batendo na criança que eu odeio"	"Ele só ama a mim"	Efeitos da intersubjetividade
Segunda fase da fantasia, construída	"Meu pai me bate (estou apanhando do meu pai)"	"Eu o amo"	Édipo propriamente dito
Terceira fase da fantasia, reduzida	"Bate-se numa criança"	"Crianças estão sendo surradas, e, provavelmente, eu estou olhando"	Mais além do Édipo

Fonte: Elaborado pela Autora.

5. Em 1922, Anna Freud escreve seu primeiro trabalho psicanalítico, "Fantasias e devaneios diurnos de uma criança espancada", a partir das marcas desse texto do pai.

Primeiro tempo: efeitos da intersubjetividade

O primeiro instante dessa fantasia surge como uma lembrança na análise de uma cena em que o pai bate no irmão ou em algum rival seu: "O [meu] pai está batendo na criança que eu odeio" (FREUD, 1919/2016, p. 130). Para Freud, essa fantasia se constitui porque o sujeito, nesse momento, busca imaginariamente se sentir amado pelo pai. Tal fantasia de surra levaria, portanto, à constatação experimentada com satisfação de que o pai "não ama essa outra criança, ele só *ama a mim*" (FREUD, 1919/2016, p. 133).

Lacan (1956-57/1995) deduz dessa primeira fase da fantasia uma complexidade que se manifesta no número de personagens que ela comporta: o agente da punição, aquele que se submete e o sujeito. O pai é o agente e aquele que se submete à surra é alguém a quem o sujeito quer ver despencar da preferência parental. Quem está em posição de terceiro nessa cena é o próprio sujeito que a está interpretando.

A leitura lacaniana enfatiza desse momento o segundo sujeito, objeto da surra, pois ele coloca em jogo a dimensão da intersubjetividade, marca presente na linguagem. Trata-se do momento da fantasia em que sua organização aponta para uma "estrutura que põe ali um sentido" e é "prenhe de toda virtualidade" (LACAN, 1956-57/1995, p. 119). Isso porque é através da dedução imaginária da cena que interpreta ser amado pelo pai. Não se trata de tomá-lo como pai da realidade, mas como alguém "da linhagem dos que detêm a autoridade", aquele que responde por promover uma "articulação numa certa ordem do significante" (LACAN, 1957-58/1999, p. 244).

A relação da mãe com a criança se faz pela "descoberta do que é o objeto do desejo dela" (LACAN, 1957-58/1999). Convém lembrar a definição lacaniana sobre a função materna, considerando que esta se refere à transmissão para o *infans* de um desejo que não seja anônimo (LACAN, 1969/2003). Nesse sentido, se é o desejo da mãe o que humaniza o bebê, o *infans* se localizará no mundo do significado a partir de seu lugar no desejo materno. Nos anos 50, o falo era definido como o significante do significado (LACAN, 1957-58/1999, p. 249):[6] "E de saída, porque falar de falo e não de pênis? É que não se trata de uma forma ou de uma imagem ou de uma fantasia, mas de um significante, o significante do desejo" (LACAN, 1958/1998, p. 696).[7]

Em um primeiro momento de seu desenvolvimento, a criança se confronta com o desejo materno sob uma perspectiva imaginária, interessando-se pelo que poderia estar ocupando lugar nesse desejo, o falo imaginário, por exemplo, o rival que aparece na fantasia. Por essa razão, a fantasia de surra seria "uma solução bem sucedida do problema" (LACAN, 1957-58/1999, p. 250) já que ela tenta produzir uma espécie de abolição desse rival. Santiago (2011) indica que, nesse primeiro momento da fantasia de surra, o pai se mostra como chave da significação desse movimento primitivo da fantasia, reduzindo a criança açoitada a nada.

Esse primeiro tempo da fantasia refere-se ao especular, muito trabalhado no escrito "O estádio do espelho como formador da função do eu", de 1949. Este evoca o fascínio da imagem que organizará o Eu (Eu ideal) sobre a desorganização corporal do *infans*, ao mesmo tempo que mostra o corpo contornado pelos significantes que advêm do Outro.[8] Miller (1988) resume esse estádio no interesse lúdico que a criança possui, entre os seis e dezoito meses, por sua imagem no espe-

6. O conceito de falo, que já se verifica rudimentarmente em Freud (1920/1996), provém da Antiguidade grega. Lacan (1957-58/1999) indica que o *phallos* nomeado pelos gregos de modo algum é tratado como idêntico ao órgão do corpo. O uso mais predominante dessa palavra "é seu emprego a propósito de um simulacro, de uma insígnia, seja qual for a maneira como ele se apresente" (LACAN, 1957-58/1999, p. 359). Como "um bastão em cujo cimo ficam pendurados os órgãos viris" ou como "iniciação do órgão viril", "pedaço de madeira, pedaço de couro" ou "outras variedades em que ele se apresenta", o *phallos* seria um substituto com caráter de "consolo" (LACAN, 1957-58/1999, p. 359). Há uma extensa teorização em Lacan sobre esse conceito até chegar à sua definição final do falo como resíduo verificador do real (Lacan, 1975-76/2007).

7. Lacan (1960-61/1992 p. 234) faz duas notações para o falo: -φ e Φ. "O pequeno phi designa o falo imaginário enquanto interessado concretamente na economia psíquica, no nível do Complexo de Castração". O símbolo Φ designa o "lugar onde se produz a falta de significante". Essa falta está referida à pergunta sobre o desejo do Outro.

8. Outro tomado como código e que tem seu primeiro lugar no Outro real da primeira dependência (LACAN, 1958-59/2016).

lho. Diferente dos animais, as crianças reconhecem sua imagem e se interessam por ela. Essa exultação em relação à imagem refere-se ao fato de que "a completeza da forma se antecipa com relação ao que logrou atingir; a imagem é, sem dúvida, a sua, mas ao mesmo tempo é a de um outro, pois está em déficit em relação a ela" (MILLER, 1988, p. 19).

Diferentemente das teorias pós-freudianas que indicavam o Eu como instância central da personalidade, o Eu do Espelho não é unificador, já que se constitui como uma desordem de identificações imaginárias que reaparecem sucessivamente (MILLER, 1988). Por essa razão, a relação com o outro, semelhante, é tomada numa posição de ou *um* ou *outro*.[9] Essa imagem especular é o que permite ao *infans* configurar sua imagem própria que se compõe pela altura, rosto, par de olhos e que permite o advento da dimensão do olhar (SANTIAGO, 2019). É a tentativa de estabelecer-se como corpo a partir da imagem que se faz dele.

Mas a dimensão especular desse tempo da fantasia dá lugar também ao Edípico, pois essa busca pelo amor do pai encena uma "fantasia de amor incestuoso" que levaria a um enorme sentimento de culpa. Esse sentimento, aliado à necessidade de punição, levaria à necessidade de uma transformação na forma da fantasia. O sujeito transforma, portanto, o alvo da surra, ocupando ele próprio esse lugar de levar uma surra do pai.

Segundo tempo: o Édipo propriamente dito

De "o pai bate na criança que odeio", passa-se a "meu pai me bate (estou apanhando do meu pai)" (FREUD, 1919/2016, p. 135). Para Freud (1919/2016), é um momento em que se verifica claramente a operação do recalque entrando em cena e, por essa razão, trata-se de

9. No Seminário 6, Lacan (1958-59/2016, p. 298) nos dá elementos para constatar que o imaginário é o corpo: "isso que constitui nossa relação com o inconsciente, ou seja, o significante (para ser claro), somos nós que fornecemos seu material [...] com nosso imaginário, isto é, com nossa relação com nosso próprio corpo, já que o imaginário é isso". Santiago (2019) trabalha com a ideia de Lacan (1975-76/2007) de que a imagem se sustenta nos seus restos, apontando o motivo pelo qual ele considera que o imaginário é o corpo.

um tempo que não é rememorado e precisa ser construído na análise – o que Lacan (1956-57/1995) considerou uma ousadia de Freud.

O "ser surrado" carrega tanto o sentimento de culpa como um erotismo direcionado ao pai. Escreve Freud (1919/2016, p. 136):

> Ele não é apenas o castigo pela relação genital proibida [experimentada como prazer na fantasia anterior], mas também seu substituto regressivo, e dessa última fonte a fantasia recebe a excitação libidinal que, de agora em diante, se aderirá a ela e encontrará descarga em atos onanistas. Mas essa é, pois, a essência do masoquismo.

Essa fantasia permanece inconsciente em função da intensidade do recalcamento. Salvo em alguns casos, como relata Freud (1919/2016), sem saber explicar a razão pela qual ela se manteve na consciência de um de seus pacientes que se lembrava e se utilizava da representação de apanhar da mãe para se masturbar.

Lacan destaca desse tempo da fantasia de surra a redução do número de personagens que aparecem. Agora são apenas dois e há uma certa reciprocidade. A cena porta uma ambiguidade que exibe, no ato de ser batido, um deslocamento "de um elemento talvez já marcado de erotismo" (LACAN, 1956-57/1995). Isso incita um questionamento sobre o que o açoitado teria feito para estar nessa posição, ou seja, qual seria sua participação na ação daquele que o agride e golpeia: estaria ele numa posição de se fazer bater?

No tempo de "estou apanhando do meu pai", é do amor ao pai que se nutre a fantasia. Nele, a mensagem "*meu pai me bate*" não chega ao lugar do sujeito. No lugar desta vem outra, como um desdobramento da primeira. O que inicialmente queria dizer "*o rival não existe*" – não é nada em absoluto – agora quer dizer "*Tu existes e és até amado*" (LACAN, 1957-58/1999, p. 251). Por essa razão é que prevalece o recalque e, se a mensagem foi recalcada a ponto de o sujeito não se lembrar dela no transcurso da análise, ele acaba recorrendo à figuração da etapa anterior (SANTIAGO, 2011).

Essa fantasia em que o sujeito figura como criança açoitada expressa "a relação com o Outro por quem se trata de ser amado, enquanto ele mesmo não é reconhecido como tal" (LACAN, 1957-58/1999, p. 256). Ela se situa "em algum lugar da dimensão simbólica entre o pai e a mãe, entre os quais, aliás, ela efetivamente oscila" (LACAN, 1957-58/1999, p. 256). A segunda etapa da fantasia é indicada como a mais significativa, pois é onde o ser se encontra mais próximo de sua realização de sujeito dividido pela dialética significante.

Lacan (1958-59/2016) lembra a afirmação freudiana de que algo de essencial se passa entre a primeira e a segunda etapas da fantasia, já que se viu o Outro ser precipitado de sua dignidade de sujeito privilegiado. A relação de anulação subjetiva que se experimenta nessa etapa coloca em cena a vontade do Outro e sua sujeição a ela como cruciais para sua subsistência. Esse caráter de submissão ao desejo do Outro é a essência da dimensão masoquista, e é nesse sentido que o chicote tem toda sua relevância para demonstrar o fato de estarmos todos submetidos ao jugo de alguém (LACAN, 1957-58/1999). É nesse sentido que essa forma da fantasia coincide com a do masoquismo.

Essa etapa da fantasia é a base de transformação a partir da qual o sujeito entra na última fase a fim de encontrar o ponto de equilíbrio de sua posição de sujeito barrado (LACAN, 1958-59/2016, p. 153). Nesse sentido, esse segundo momento da fantasia corresponde ao Complexo de Édipo e, por esse motivo, "é indispensável para compreender a motivação daquilo que se produz na história do sujeito" (LACAN, 1956-57/1995, p. 118).

O Complexo de Édipo foi inventado a partir do que "a lenda grega traduziu do mundo da fantasia de uma criança para a suposta realidade" (FREUD, 1932/1996, p. 203).[10] É importante compreender

10. Na versão mais comum da mitologia, Édipo é um sujeito ameaçado desde antes de nascer por uma previsão desfavorável. Segundo o oráculo, o filho de Laio, rei de Tebas, estaria predestinado a matar o pai e casar-se com a mãe. Por essa razão, o pai entrega a criança a um pastor, pregando-lhe os calcanhares a uma correia. Daí o nome Édipo, que significa "pés inchados". No desenrolar da trama, Édipo, sem saber, acaba realizando seu destino. Ao descobrir que havia matado o pai em uma luta ocorrida na estrada entre Tebas e Corinto e esposado a própria mãe, após salvar a si próprio e a cidade de Tebas da Esfinge respondendo a seu enigma, Édipo fura seus olhos e sua mãe se mata. O enigma proposto pela Esfinge era: "Qual o ser que pela manhã tem quatro pés, ao meio dia tem dois, e à noite tem três?" Édipo responde: o homem, pois engatinha

o modo como Freud (1919/2016) concebia esse "complexo nuclear das neuroses" pela relevante articulação que ele possui com a fantasia.

A primeira referência de Freud ao mito de Édipo foi na Carta 71 a Fliess, em 1897, quando relata que havia encontrado em si próprio sentimentos amorosos em relação à mãe e sentimentos de ciúmes em relação ao pai. Na missiva, escreve que a lenda grega captura uma "compulsão que toda pessoa reconhece porque sente sua presença em si mesma" (FREUD, 1950[1892-1899]/1996, p. 316). Ele aponta, ainda, que

> Cada pessoa da plateia foi, um dia, em germe ou na fantasia, exatamente um Édipo como esse, e cada qual recua, horrorizada, diante da realização de sonho aqui transposta para a realidade, com toda a carga de recalcamento que separa seu estado infantil de seu estado atual. (FREUD, 1950[1892-1899]/1996, p. 316)

Lacan (1957-58/1999) sintetiza esse Complexo em três tempos lógicos que promovem uma transformação da criança "assujeitada" em um "sujeito" que, por consentir com sua divisão, pode fazer parte do mundo como desejante. Esses tempos não são cronológicos, embora se desenrolem em uma sucessão.

O primeiro instante do Édipo refere-se a uma identificação especular do sujeito com o objeto do desejo da mãe, ou seja, com o falo imaginário. Nesse primeiro tempo, a identificação fálica na relação com a mãe é fundamental. Para Miller (2000), é um momento pelo qual Lacan tem grande simpatia por ser o tempo em que, no fundo, o sujeito tem o que quer e, nesse sentido, é um período bastante enriquecedor.

Se no primeiro tempo há a criança assujeitada ao primeiro Outro do qual depende, há uma virada que a coloca no segundo tempo do Édipo. Esse tempo é o do "pai potente" e "privador" (LACAN, 1957-58/1999, p. 200), aquele que interdita e "priva a mãe, dizendo: 'acabou'" (MILLER, 2000, p. 50). A privação de que se trata é a da mãe, e não a da criança. Uma interpretação que considera o contrário acaba por

quando bebê, caminha quando adulto e, na velhice, apoia-se em uma bengala. Como recompensa, ganha o título de rei e pode se esposar com a rainha de Tebas – sua mãe.

atribuir as devastações do Complexo de Édipo à onipotência paterna, o que não permite compreender o que se passa após esse momento e leva a equívocos na condução de um tratamento psicanalítico. Miller (2000, p. 51) ressalta que esse momento não é tão rico em potencialidades, mas é fundamental para que o terceiro tempo se institua: "a criança é desalojada, para seu bem, da posição ideal na qual ela e a mãe poderiam satisfazer-se e, graças a isso, o terceiro tempo, fecundo, se estabelece".

O terceiro tempo refere-se ao momento da *promessa* de se obter o que se quer no futuro. O pai privador do segundo tempo era aquele que intervinha com um "não", privando a mãe. No terceiro momento, o pai é aquele que pode dar à mãe o que ela deseja, porque o possui: é o pai que tem e que dá o falo. A ênfase é colocada nesse pai (e não no outro), e esse foi seu ponto de virada em relação a outros leitores de Freud. A consequência do Nome-do-Pai é que ele, como significante, dá esteio e promulga a lei, ou seja, "a articulação numa certa ordem do significante" (LACAN, 1957-58/1999). Nesse sentido, trata-se de uma função, e não necessariamente do pai da realidade. A ideia de Lacan, em um primeiro momento, é a de que o Nome-do-Pai seria uma espécie de Outro do Outro que ofereceria um significado para o enigma do desejo do Outro, produzindo a metaforização desse desejo e uma significação fálica. Depois, ele vai rever tal concepção em seu Seminário sobre *O desejo e sua interpretação* (LACAN, 1958-59/2016).

A diferença no desfecho do Édipo para as meninas e para os meninos também é apontada por Lacan. Enquanto os meninos se identificam com o pai e com seu título de "direito à virilidade" (LACAN, 1958-59/2016, p. 202), as meninas sabem que devem buscar o falo do lado do pai, indo em direção àquele que o tem. Ele indica que o caminho da menina em relação ao Édipo é diferente daquele do menino, pois os efeitos do Complexo de Castração para ela são de entrada, e não de saída. Como indica Freud (1932/1996, p. 207): "nos indivíduos do sexo masculino, como vimos, a ameaça de castração dá fim ao Complexo de Édipo; nas mulheres, descobrimos que, ao contrário, é a falta de um pênis que as impele ao seu Complexo de Édipo". Essa ideia de Freud se verifica nas elaborações sobre a simbólica do dom, em que fica claro que o falo não tem o mesmo valor para aquele que o possui realmente (criança numa posição masculina) e aquele que não o tem (criança numa posição feminina).

A criança numa posição feminina se introduz na simbólica do dom pelo menos. Nessa perspectiva, por falicizar essa situação e acreditar que pode vir a ter, entra no Complexo de Édipo. A masculina entra com o mais e é pelo Édipo que sai: "No fim do Complexo de Édipo, no momento em que realiza num certo plano a simbólica do dom, é preciso que ele faça dom daquilo que tem" (LACAN, 1956-57/1995, p. 125). E, no interior dessa simbólica do dom, várias coisas podem entrar como troca, como equivalentes do falo, especialmente os objetos pré-genitais que se prestam mais facilmente a representações verbais: "a criança pode dizer a si mesma mais facilmente que aquilo que o pai dá à mãe na ocasião é sua urina, porque, da sua urina, ele conhece muito bem o uso, a função e a existência como objeto" (LACAN, 1956-57/1995, p. 125).

Pela concepção freudiana, a dissolução do Complexo de Édipo na menina demora um tempo maior para acontecer e pode até mesmo não se dar. Isso traz consequências para o modo como cada uma delas se colocará em suas escolhas amorosas. Podem tentar procurar o ideal narcísico do homem que elas gostariam de ter se tornado, ou tentar buscar no relacionamento com o filho uma "satisfação sem limites" (FREUD, 1932/1996, p. 132). Considerando que as mulheres são, muitas vezes, "incapazes de desfazer a conexão entre a atividade sensual e a proibição", Freud (1910-18/1996, p. 192) indica que comumente elas se tornam frígidas quando a atividade sexual, "finalmente, lhes é permitida", ou seja, há uma proibitividade na vida erótica das mulheres.

Nos meninos, com a saída do Édipo, as fantasias ganham uma força especial. Na puberdade, "o homem deixará seu pai e sua mãe e se apegará à sua mulher, então se associam afeição e sensualidade" (FREUD, 1910-18/1996, p. 187). O obstáculo erguido contra o incesto compele a libido que estava ligada ao objeto de amor primário a permanecer no inconsciente e, então, "a libido se afasta da realidade e é substituída pela atividade imaginativa" (FREUD, 1910-18/1996, p. 187). Entretanto, quando as fantasias inconscientes que se formam a partir desse material tornam-se admissíveis à consciência, vemos dificuldades no campo sexual, especialmente para os homens.

Em "O poeta e o fantasiar", de 1908, Freud considera que existiriam dois tipos diferentes de fantasia e os associa ao feminino e ao masculino. Haveria as fantasias que visariam a satisfazer um desejo de ambição (para "elevar a personalidade") ou aquelas que sustentam os desejos eróticos. "Nas jovens mulheres dominam quase exclusivamente os desejos eróticos, pois sua ambição é, em geral, consumida pela ânsia de amor; nos rapazes, ao lado dos eróticos, os desejos egoístas e ambiciosos suficientemente reforçados" (FREUD, 1908/2015, p. 57).

Ao se dedicar ao tema "Mulheres e semblantes", Miller (2010a) distingue as fantasias masculina e feminina a partir do modo como o desejo se constitui em cada uma dessas formas de sexuação. Ele lembra que, no desejo feminino, o sujeito precisa lidar tanto com o Outro barrado quanto com o falo. Nesse sentido, "quando se abrem as vias do desejo para uma mulher, ela tem que lidar com as vias do Ⱥ, ou seja, que o Outro não existe" (MILLER, 2010a, p. 15). Como há a outra dimensão, que é fálica, Miller (2010a) indica que há um risco de a análise cair nessa vertente e a mulher se colocar como toda fálica, ou seja, uma mulher com postiço.

Já "o desejo masculino se sustenta em semblantes falicizados": para Miller (2010a, p. 15), o "homem lacaniano" é um "ser pesado, estorvado, embaraçado pelo ter". E esse gozo do proprietário, ao mesmo tempo que promove um sentimento de superioridade, também implica o medo de ser roubado: uma "covardia masculina". O homem covarde serve-se muito bem da dita "mulher com postiço", aquela a quem "se atribui artificialmente o que lhe falta com a condição de que sempre, em segredo, o receba de um homem" (MILLER, 2010a, p. 15). Enquanto desfila ostentando sua propriedade, tenta esconder sua falta e proteger o falo. A mulher "que não parece castrada não ameaça o homem por não exigir que ele seja desejante e assim recebe o respeito e o descanso da castração". Entretanto, "a mulher com postiço denuncia o homem como castrado e não poucas vezes se completa com um homem assim, mantendo-o na sombra" (MILLER, 2010a, p. 15). A fantasia no campo masculino seria, então, uma espécie de proteção a essa "covardia", o temor de ter que encarar a castração.

Embora tenha notado uma diferença da apresentação na fantasia feminina e na masculina, Freud (1908/2015) reconhece que nenhuma delas é impassível de modificações a partir das situações da vida. "As relações da fantasia com o tempo são muito significativas" (FREUD, 1908/2015, p. 58) e podem se delinear em três tempos: presente, passado e futuro. Diante de uma impressão atual, do presente, a pessoa se vê diante de um desejo insatisfeito. Isso a faz remontar à lembrança de uma vivência antiga e infantil de irrealização do desejo, o que cria uma situação fantasiada de que haverá essa satisfação no futuro. O exemplo é o do jovem pobre e órfão que recebe o endereço de um empresário com quem poderia arrumar um emprego. Sua fantasia é a de que, além de conseguir o emprego, se tornará indispensável ao patrão, se casará com sua filha e se mudará para a casa dele. Na fantasia, "o desejo utiliza uma oportunidade no presente para projetar, segundo um modelo do passado, uma imagem do futuro" (FREUD, 1908/2015, p. 59).

Também em suas "Contribuições à psicologia do amor", Freud (1910-18/1996) se dedicou a uma diferenciação da fantasia em homens e mulheres. Nesses textos, ele apresenta o modo como a fantasia está a serviço de uma série de condições que os próprios sujeitos se impõem à vida amorosa. Na segunda "Contribuição", Freud (1910-18/1996) afirma que no amor do homem civilizado, a impotência psíquica se apresenta muito comumente, manifestando-se na incompatibilidade de unir a corrente afetiva e a sensual no mesmo objeto.[11] Segundo ele, a impotência psíquica existe porque a corrente sensual permaneceu forte o bastante para buscar vazão na realidade e, para tanto, essa corrente busca apenas elementos que não rememorem imagens incestuosas. É o que se manifesta na gramática: "quando amam, não desejam. Quando desejam, não amam" (FREUD, 1910-18/1996, p. 190). Ou seja, os homens recorrem a uma medida protetora que supervaloriza o objeto incestuoso e seus representantes e deprecia o objeto sexual, o que fora nomeado

11. Miller (2010b) indica que há um mito freudiano em torno da convergência e divergência dessas duas correntes, com um certo ideal de que elas se encontrassem. Ele acredita que Freud manteve esse ideal para indicar que, na verdade, a divergência entre o amor e o gozo é que se constitui como regra e, também, para demonstrar que não há sexualidade sem componentes perversos.

como *tendência universal à depreciação na esfera do amor* – título de uma das "Contribuições". Para Freud (1910-18/1996), essa tendência masculina seria o equivalente da "condição de proibitividade" na vida erótica feminina. Ele explica essa diferença em função do comportamento frente ao tempo de espera necessário entre a maturação sexual e a atividade sexual. Nessa lógica, as mulheres respeitariam esse tempo, mantendo a proibição em torno dessa atividade, e os homens, não, servindo-se da depreciação para obter uma satisfação, como se, pela depreciação da mãe (ou de seu substituto), fosse possível tê-la como objeto sensual: "são esforços para transpor a distância entre as duas correntes amorosas, pelo menos em fantasia, e, pela depreciação da mãe, adquiri-la como objeto de sensualidade" (FREUD, 1910-18/1996, p. 189).

As "Contribuições" de Freud demonstram como a natureza da pulsão é "desfavorável à realização da satisfação completa" (FREUD, 1910-18/1996, p. 194), pois o objeto final dessa pulsão nunca mais será o objeto original, já que a barreira contra o incesto já foi erigida, fazendo com que o objeto sexual seja apenas um substituto a proporcionar somente uma satisfação parcial, nunca completa. Nessa perspectiva, as fantasias serviriam como um certo tratamento aos embaraços do sujeito frente à exigência pulsional de satisfação. Mas, ao mesmo tempo, comportam um outro tipo de exigência e deixam o sujeito, de certo modo, escravizado a elas.

Também no "Bate-se...", Freud (1919/2016) se pergunta muito sobre a diferença na maneira como a fantasia se manifesta em sujeitos femininos e masculinos. Ele privilegia os casos de mulheres e chega a demarcar alguma distinção, por exemplo, na primeira fase da fantasia em que, no caso dos meninos, aparece a figura da mãe. No entanto, a conclusão a que ele chega é a de que há uma estrutura da fantasia que se apresenta em ambos os casos, o que a terceira fase da fantasia nos permite reconhecer.

Lacan vai além do Édipo e da anatomia na definição da posição sexuada. O Seminário 6, *O desejo e sua interpretação*, aborda bem a questão da insuficiência do Édipo para dar lugar à singularidade que é o desejo (LACAN, 1958-59/2016, p. 108). Mas além do Édipo não significa afirmar que ele vai contra o Édipo ou que ele propõe um anti-

-Édipo, como indica Miller (2013b, p. 10): "Depois do Édipo é o Édipo recolocado em seu lugar, o Édipo freudiano, enquadrado, apreendido com seus limites". A interpretação de Miller é a de que o Édipo limita a teoria do desejo ao desejo infantil, que seria o de assassinato do pai e gozo da mãe. E isso está em contradição com a própria teoria do desejo na psicanálise, em especial com o destaque dado à ausência de um objeto fixo para o desejo (LACAN, 1958-59/2016, p. 124) e também com a característica de que o desejo não se disciplina. Miller (2013b) indica, ainda, que é a fantasia o que o permite ir além do Édipo. Isso será melhor compreendido ao estudarmos o terceiro momento da fantasia e ao nos perguntarmos se o próprio Freud não teria tocado nesse mais além ao indicar esse terceiro tempo.

Terceiro tempo: mais além do Édipo, a cicatriz

A configuração definitiva que a fantasia de surra assume é o resultado de uma redução que ocorre após a construção realizada no segundo tempo. Nesse terceiro tempo, a criança que fantasia aparece novamente como espectadora, e o pai é colocado na figura de um professor ou alguma autoridade qualquer. A frase "meu pai está batendo na outra criança, ele ama só a mim" sofre um recuo pelos efeitos do recalque, o que faz com que a primeira parte da frase assuma o investimento libidinal (o afeto) vinculado ao conteúdo recalcado. Nesse sentido, se transforma em "*bate-se numa criança*", em que tanto as crianças quanto o agente da surra tornam-se indefinidos.

Essa fantasia de surra será, portanto, uma "cicatriz do Édipo". Nas palavras de Freud (1919/2016, p. 140): "a fantasia de surra e outras fixações perversas análogas também seriam, então, apenas resíduos do Complexo de Édipo, cicatrizes, por assim dizer, deixadas pelo processo que terminou". É interessante notar que, na definição lexical, o termo cicatriz designa um tecido fibroso que se forma no processo de cicatrização e substitui os tecidos lesados ou seccionados, deixando uma marca (HOUAISS, 2019). Nessa indicação, fica claro como há uma redução das fantasias imaginárias a uma marca única, determinante na vida do sujeito. A fantasia seria, portanto, como um tecido de material edípico construído para "substituí-lo", restando como marca.

Nesse terceiro tempo da fantasia, tem-se "o sujeito reduzido a seu ponto mais extremo" (LACAN, 1956-57/1995, p. 119), o de um puro e simples observador. É o momento de uma situação dessubjetivada que é a da fantasia terminal – não se sabe quem são as crianças e o agente é apenas suposto. Trata-se do sujeito reduzido ao objeto olhar: "É preciso para vê-lo, nem sempre um sujeito, mas ao menos um olho, que pode não passar de *uma tela sobre a qual o sujeito é instituído*" (LACAN, 1956-57/1995, p. 120, grifo nosso).[12] Há, nessa relação, uma "dessubjetivação fundamental" (LACAN, 1956-57/1995, p. 119) pela presença de uma palavra inconsciente que toma lugar entre o Sujeito e o Outro. Essa *palavra inconsciente* refere-se tanto a "meu pai batendo numa criança que é a criança que eu odeio, me manifesta que me ama" quanto a "meu pai bate numa criança de medo que eu acredite que não seja preferido" (LACAN, 1956-57/1995, p. 120).

Lacan (1956-57/1995, p. 120) considera que, nessa terceira etapa, "existe uma redução simbólica, que eliminou progressivamente toda a estrutura subjetiva da situação para deixar subsistir apenas um resíduo inteiramente dessubjetivado". Essa dessubjetivação seria uma espécie de redução da cena, tal como a imobilização dos personagens de uma sequência cinematográfica quando está em *pause*. Trata-se de um resíduo que conserva a marca da "estrutura articulada em que o sujeito está engajado", ou seja, da linguagem.

Miller (2008) destaca que, em geral, a fantasia não se oferece ao movimento de interpretação, em especial sua vertente fundamental. Isso porque pode-se "definir a fantasia fundamental como aquilo que se apresenta na experiência como não-tocado, não-atingido diretamente pelo significante" (MILLER, 2008, p. 111).

Esse resíduo se constitui tal como uma cicatriz, pois, "depois da saída do Édipo, não resta outra coisa da fantasia senão um esquema geral" (LACAN, 1957-58/1999, p. 247). Nele, a figura do pai é transposta para uma forma genérica e o próprio sujeito se apresenta sob o aspecto de crianças multiplicadas numa "série neutra". Dessa transformação resulta a delimitação de uma maneira de inscrição que evidencia o que

12. Mais adiante será desenvolvida essa ideia da fantasia como tela.

se mantém como fixação, investimento e memória em uma imagem, "um cenário privilegiado no qual o sujeito encontra apoio para suas satisfações sexuais" (SANTIAGO, 2011, p. 8).

Essa forma geral que se mantém como resíduo do pai é associada por Santiago (2011) à forma do supereu.[13] Pode-se pensar que inclusive a dimensão de imperativo que a fantasia porta poderia advir daí. Haveria, nesse momento, uma antecipação da posição do sujeito frente ao desejo do Outro, passando a fantasia a se inscrever como uma lei no real que conferiria a chave do destino do sujeito. Essa expressão genérica de "*bate-se numa criança*" pode vir a se tornar sintomática, encarnando, a partir de seu estatuto de fantasia fundamental, a lógica da vida de sujeitos que estão sempre se fazendo bater ou se fazendo maltratar em suas parcerias.[14]

No Seminário sobre *A lógica do fantasma* (LACAN, 1966-67/2024), nota-se que a fantasia é estruturada como linguagem de um modo ainda mais estreito que o inconsciente, pois se constitui como frase que tem uma estrutura gramatical e uma lógica que funciona como uma significação fechada (axiomática) para o sujeito neurótico – o que representa a fantasia de "*bate-se numa criança*". Percebe-se, portanto, que essa fantasia se configura tanto como uma cicatriz referente

13. O supereu é uma instância psíquica que tem sua origem nas mais primitivas identificações do indivíduo. Ele funciona como uma modificação no Eu que toma maior consistência a partir do Complexo de Édipo. Trata-se de uma instância paradoxal que, ao mesmo tempo que se constitui como um resíduo das primitivas escolhas objetais do Isso (instância das paixões – das pulsões), representa uma formação reativa enérgica contra essas escolhas. A relação do supereu com o Eu inclui tanto o "Você deveria ser assim (como seu pai)", como também o "Você não pode ser assim (como o seu pai), isto é, você não pode fazer tudo o que ele faz; certas coisas são prerrogativas dele" (FREUD, 1924/1996, p. 47). Ao mesmo tempo que o supereu se constitui a partir do Complexo de Édipo, é sua missão recalcá-lo. O supereu "retém o caráter do pai" e, quanto mais poderoso for o Complexo de Édipo e mais rápido ele submeter o sujeito ao recalque (pela religião, pela educação e pela leitura), mais severa será a dominação do supereu sobre o Eu. As apresentações clínicas dessa dominação se expressam no sentimento inconsciente de culpa e sob a forma de consciência moral. Lacan faz uma renovação desse conceito na medida em que propõe que o supereu funciona muito mais como um imperativo de gozo do que como um interditor de gozo.

14. Indica Santiago (2011): "como sintoma, esta fantasia constitui uma forma pouco refinada de suprir a não-relação entre os sexos".

ao modo pelo qual a ferida da castração incidiu sobre o sujeito quanto por um ponto de encruzilhada que é decisivo em sua própria existência como sujeito (SANTIAGO, 2011). A observação freudiana da fantasia como cicatriz do desenlace do Édipo demonstra como ela é um signo privilegiado do que se passa no campo do Outro, ou seja, está referida ao modo como a castração materna foi levada a termo pela criança (SANTIAGO, 2011). Nesse sentido, o aspecto do desejo do Outro e o do falo imaginário, que viriam a responder imaginariamente a esse desejo, são privilegiados nessa fantasia.

Para Lacan (1966-67/2024, p. 124), nenhum comentário, nenhuma metalinguagem dará conta do que se introduz sob a fórmula de "*bate-se numa criança*", pois trata-se de uma frase que não precisa ser comentada, já que se mostra por si mesma, tal como uma montagem pulsional. Isso ocorre porque há uma diferença entre jogar com a fantasia e falar dela. No tratamento, é falada com imprecisão e, ao ser formulada, evidencia, nos pacientes, dificuldade, aversão, repugnância e culpa, muito embora não revelem tais sentimentos quando relatam suas práticas masturbatórias. Os pacientes têm mais facilidade para falar de seus delitos do que de suas fantasias (FREUD, 1908/2015). Mas, à medida que, sob a pressão analítica, a fantasia se abre, é possível localizar seus três momentos, que "se escandem na história do sujeito" e, a partir daí, reencontrar a sua origem (LACAN, 1956-57/1995, p. 117).

Da fantasia de surra, Lacan (1957-58/1999, p. 252) destaca a função do chicote, conferindo-lhe o estatuto de "quase o modelo da relação com o desejo do Outro", pois o que esse instrumento evidencia é que "os seres humanos, como tais, estão todos sujeitos ao jugo de alguém". E "a função da fantasia terminal é manifestar a relação essencial do sujeito com o significante" (LACAN, 1957-58/1999, p. 252). Trata-se de um duplo valor para o sujeito: "como desejo, ele se sente escorado naquilo que como tal o consagra e o valoriza, ao mesmo tempo que o profana" (LACAN, 1957-58/1999, p. 255). Essa passagem do Seminário 5 de Lacan é relevante para entendermos a estrutura que fundamenta o tratamento lógico dado à questão da fantasia a partir da gramática proposta por Freud. Vê-se, claramente, como o chicote é, ao mesmo tempo, índice da relação de submissão ao desejo do Outro, bem como o objeto do qual o sujeito faz uso para se relacionar com o Outro. Ele encena o próprio paradoxo da satisfação que é o gozo.

Em "Algumas consequências psíquicas da distinção anatômica entre os sexos", Freud (1925b/1996, p. 238) afirma de modo explícito que a fantasia que resta do "*bate-se numa criança*" parece se constituir como "uma relíquia do período fálico". Chama-lhe a atenção a rigidez presente nessa "fórmula monótona" (FREUD, 1925b/1996, p. 238), o que denota uma fixação a ela. Mais uma vez, tem-se a fixação que a ideia de cicatriz permite sintetizar como um modo de Freud reconhecer a lógica presente ali. Em relação ao feminino, Freud (1924/1996) explicita essa lógica dizendo que a fantasia de "*bate-se numa criança*" não é nada mais do que o próprio clitóris, ou seja, seria uma maneira de a menina levar algo da fase fálica – aquele momento em que todos são providos do falo – para a vida adulta. Quando Lacan (1957-58/1999, p. 358) lê a afirmação freudiana de que "a criança espancada aí, e que por isso é apreciada (...) não é outra coisa senão o próprio clitóris", indica que é do falo que se trata. O falo é o que oferece um significante ao desejo do Outro. E, nesse sentido, é como falo que a criança quer se oferecer para o Outro, pagando o preço, inclusive, de ser batida. Mais adiante, Lacan vai prosseguir com esse desenvolvimento, chegando ao ponto de demonstrar que se trata aí da submissão do sujeito à linguagem, na qual o que bate é o significante, que produz marcas sobre a maneira de esse sujeito se colocar no mundo.

Além da dimensão de submissão à linguagem, a fantasia de surra revela, ainda, a relação do sujeito com a pulsão. Resta, da cena, o objeto olhar e o componente libidinal nomeado no masoquismo. Trata-se, portanto, de uma dimensão mais real, visto que essa marca evidencia um limite em relação ao dizer. O subtítulo do texto de 1919 de Freud é: "Contribuição para o estudo da origem da perversão sexual". O que é esse componente que Freud nomeia de perverso e que faz parte da fantasia?

O componente perverso da fantasia

Como as fantasias se constituem como substitutos da satisfação pulsional, mantêm uma íntima conexão com a vida sexual (FREUD,

1908/2015). Para Freud (1919/2016, p. 197), ao ser retida para satisfação autoerótica, a fantasia é considerada como "um traço primário de perversão". Miller (1988) aponta que esse componente perverso presente na fantasia é contraditório em relação aos valores morais do neurótico e, por isso, ele se envergonha de sua fantasia. Exemplifica sua constatação lembrando que é comum encontrar, em análise, mulheres feministas que têm fantasias masoquistas. Como tais fantasias estão em desacordo com seus ideais, não sabem o que fazer com elas. Do mesmo modo, há homens humanistas que têm fantasias extremamente agressivas e atormentadoras, por serem destoantes de sua maneira de conceber a vida (MILLER, 1988, p. 102). Tais exemplos permitem compreender a afirmação freudiana de que as fantasias subsistem apartadas do resto do conteúdo da neurose (FREUD, 1919/2016).

Antes mesmo do marco da Carta 69, Freud (1950[1892-1899]/1996) já reconhecia na neurose uma composição perversa. Ao se interessar pela leitura do *Malleus Maleficarum* (1487), manual para diagnóstico das bruxas, Freud (1950[1892-1899]/1996, p. 292), na Carta 57, anuncia a histeria como negativo das perversões e indica que as ações pervertidas "são sempre as mesmas – têm um significado e são executadas segundo um padrão que há de ser possível compreender". Assim também são as fantasias, que têm o mesmo enquadre, tal como se vê nas monótonas fantasias de Sade (LACAN, 1962/1998).

A afirmação freudiana é melhor compreendida no Caso Dora, publicado em 1905, em que aparece o horror da paciente frente ao "caráter perverso de suas fantasias". Freud (1905[1901]/1996, p. 55) afirma que é preciso deixar a indignação de lado ao se debruçar sobre as perversões sexuais, que são "transgressões da função sexual tanto na esfera do corpo quanto na do objeto sexual", pois não se podem definir com clareza os limites do que se deve chamar de vida sexual normal: "na vida sexual de cada um de nós, ora aqui, ora ali, todos transgredimos um pouquinho os estreitos limites do que se considera normal". Para Freud (1905[1901]/1996, p. 56), "Todos os psiconeuróticos são pessoas de inclinações perversas fortemente acentuadas, mas recalcadas e tornadas inconscientes no curso de seu desenvolvimento". Nesse sentido, em suas fantasias inconscientes, é possível extrair "um conteúdo idêntico ao das ações documentadas nos perversos" (FREUD, 1905[1901]/1996, p. 56), como se observa no livro *Psychopathia Sexualis*, de Krafft-Ebing. É possível concluir, portanto, que "as psiconeuroses são, por assim dizer, o negativo das perversões" (FREUD, 1905[1901]/1996, p. 56). E, mais ainda, que "as forças impulsoras da formação dos sintomas histéricos não provêm apenas da sexualidade *normal* recalcada, mas também das moções perversas inconscientes" (FREUD, 1905[1901]/1996, p. 56).

Essas elaborações freudianas o conduzem ao interesse em compreender a sexualidade infantil, concebendo-a como matriz da sexualidade adulta. É então, em seus "Três ensaios sobre a teoria da sexualidade", que afirma que, pelo fato de a disposição sexual da criança ser mais variada do que se poderia esperar, pode-se falar em uma disposição "perversa polimorfa" (FREUD, 1905a/1996, p. 180). Desse modo, o "chamado comportamento normal da função sexual brota dessa disposição mediante o recalcamento de certos componentes" (FREUD, 1905a/1996, p. 263). A disposição perverso-polimorfa está relacionada também às características da sexualidade infantil, que, além de se apoiar em uma função fisiológica, é autoerótica e visa à satisfação, sempre parcial, da pulsão. Lacan (1964/1998, p. 167) explica essa parcialidade da pulsão indicando que "a sexualidade só se realiza pela operação das pulsões, no que elas são pulsões parciais, parciais em relação à finalidade biológica da sexualidade".

Nesse sentido, "a pulsão não é a perversão" (LACAN, 1964/1998, p. 172), pois o que define a perversão é a maneira pela qual o sujeito se coloca aí. A perversão entrega a lógica da fantasia, já que sua visada é o ato sexual: consiste em fazer existir a relação sexual. O perverso se oferece como instrumento para desmentir a castração, ou, em termos lacanianos, a inexistência da relação sexual (LACAN, 1966/2003).

Quando Freud (1916b/1996, p. 212) se dedica a examinar o inconsciente através dos sonhos, se depara com o fato de que "na vida mental, o que é inconsciente é também o que é infantil", pois os desejos inconscientes que se apresentam nos sonhos "nos levam de volta, todas as noites", a um nível infantil. Desse modo, chega a um traço perverso presente na neurose. Tanto nos sonhos como na perversão, há diversas barreiras que são transpostas: a barreira da espécie, que interpõe um abismo entre o homem e o animal; a barreira contra a repugnância; a barreira contra o incesto; a barreira contra pessoas do mesmo sexo; e a barreira corporal, que delimita o papel desempenhado pelos genitais e demais órgãos. Tais barreiras seriam erguidas através da educação, o que, mais uma vez, explica a disposição "perverso-polimorfa" da criança:

> se estes impulsos apenas mostram *traços* de atividade, isso ocorre, por um lado, porque eles têm intensidade menor quando comparados com os da vida posterior e, por outro lado, porque todas as manifestações sexuais de uma criança são prontamente, energicamente suprimidas pela educação. (FREUD, 1916b/1996, p. 210)

Embora a educação tenha um papel importante para essa supressão, Freud (1916b/1996) lembra que, nos sonhos, persiste esse material das vivências esquecidas da infância.

Portanto, há algo de ineducável na sexualidade, o que justifica o fracasso de projetos educativos que visariam a uma regulação dos corpos e dos modos de gozo. Em sua Conferência sobre "A vida sexual dos seres humanos", Freud (1916d/1996) explicita claramente o valor perverso da fantasia neurótica, indicando que os sintomas histéricos ou obsessivos funcionam como "defesa" contra tais impulsos perversos, expressando essa luta. Para ele, há duas maneiras distintas de expressão das perversões: "ao lado daqueles que procuram sua satisfação sexual na realidade, estão os que se contentam simplesmente com *imaginar* essa satisfação, todo seu interesse num produto de sua imaginação" (FREUD, 1916d/1996, p. 312). Os fetichistas estariam mais próximos do primeiro tipo, enquanto os voyeuristas, exibicionistas, sádicos e masoquistas estariam mais próximos do segundo (FREUD, 1916d/1996). Lacan (1958-59/2016) aborda uma clínica da perversão ao final de seu Seminário 6, opondo o voyeurismo ao exibicionismo e indicando que é na passagem ao ato do voyeurista e do exibicionista que se pode ver encarnar as modalidades da fantasia inconsciente (MILLER, 2014a).

A existência de um componente "perverso" presente na fantasia dos neuróticos impossibilita qualquer tentativa de normatização no campo da sexualidade. Enquanto os perversos atuam suas fantasias, no âmbito da neurose, o que se expressa é uma grande luta para viver a pulsão. Isso ocorre porque, se o neurótico recalca a castração, o perverso a desmente servindo-se do fetiche para isso (FREUD, 1927/1996). Freud (1927/1996) define o fetiche como um substituto do pênis materno, instituído para que o sujeito recuse a diferença sexual anatômica, ou seja, seria um substituto para recusar a castração. Ao ter enxergado aquilo que falta à mãe - a criança vê, sabe que ela não tem, mas mesmo assim não quer saber (FREUD, 1927/1996) –, recusa a castração materna através de um mecanismo perverso. Por isso, "a criança se detém na sua observação, pelo menos esta é sua lembrança, na barra do vestido da mãe" (LACAN, 1956-57/1995, p. 121).

Há uma associação entre o mecanismo fetichista e uma cena cinematográfica em que se apertou a tecla *pause*, deixando imobilizados todos os personagens. Esse mecanismo também é encontrado na fantasia, pois ela busca uma certa imobilização da cena, paralisando o que é carregado de valor erótico: "de todos os valores eróticos incluídos naquilo que ela exprimiu e de que ela é a testemunha e o suporte, o último suporte restante" (LACAN, 1956-57/1995, p. 121). É o que se pode ler em Sade, em sua *Filosofia na Alcova*: "procedamos com ordem nas nossas orgias. A ordem não deve faltar, nem no delírio, nem na infâmia" (LACAN, 1956-57/1995, p. 122).

Mais adiante em seu ensino, Lacan (1958-59/2016) recorre novamente ao cinema para dizer do modo de funcionamento perverso que a fantasia neurótica possui. Segundo ele, as fantasias perversas se apresentam como uma sequência de filme, separadas do drama. Como um trailer de filme em que a sequência de cenas seduz por elas estarem desinseridas da cadeia, em ruptura com relação ao tema.

Interessado pela dimensão perversa da fantasia, em especial no Seminário sobre *O desejo e sua interpretação*, propõe-se a mostrar a função do sujeito na fantasia neurótica a partir da "fantasia fundamental do perverso" (LACAN, 1958-59/2016, p. 451). Ele lembra que Freud se viu levado a indicar as tendências perversas polimorfas no inconsciente a partir de sua descoberta da estrutura das fantasias inconscientes. Nesse Seminário, ele faz uma crítica aos pós-freudianos que liam a ideia da perversão como negativo da neurose, considerando que na perversão está a céu aberto o que se esconde na neurose. Segundo ele, a partir do "*bate-se*" freudiano é possível reconhecer que, na perversão, o Édipo também marca uma presença.

Lacan (1958-59/2016, p. 449) afirma que, "na perversão, o sujeito se reduz ao artifício da fenda". O que o perverso faz, ao desmentir a castração, é, portanto, oferecer-se como instrumento de gozo e gozar dela. Nesse sentido, "esse artifício [da fenda] toma o lugar do sujeito e o mostra efetivamente reduzido à mísera função que lhe é própria. Na medida em que está na fantasia, o sujeito é a fenda" (LACAN, 1958-59/2016, p. 449). Essa fenda, apareça ela sob a forma de uma persiana ou de um telescópio, é o que faz o sujeito perverso entrar no desejo do Outro. No entanto, ele visa ao desejo do Outro, julgando ver no Outro um objeto. A articulação entre o componente perverso presente na fantasia e o desejo do Outro foi essencial na teorização da fantasia como mais além do Édipo.

Che Vuoi? A fantasia como resposta à opacidade do Outro

Enquanto Freud recorre à tragédia grega para compreender a fantasia, é na novela de Cazotte (2011) que Lacan se inspira: trata-se de *O diabo apaixonado*, publicado em 1772. A narrativa se passa em Nápoles, nas ruínas do palácio de Portici; o narrador é também personagem e se chama Álvaro. Tudo tem início no diálogo entre ele e um amigo, momento em que discutem que os poderes dos espíritos sobre os vivos apenas têm efeito devido à fraqueza humana. Acreditam que, na verdade, os homens nasceram para governar os espíritos e, como demonstração de sua coragem, Álvaro evoca o diabo. Ao fazê-lo, surpreende-se com a aparição de um fantasma hediondo, sob a forma de uma cabeça de camelo provida de grandes orelhas, a pronunciar em italiano: *Che vuoi?* (Que queres?). De acordo com a solicitação do narrador, o fantasma passa a tomar a forma que lhe é demandada e, ao longo da história, se torna um cachorrinho, um jovem servo, uma jovem encantadora com sua lira e uma mulher fascinante e bela. Nesta última forma, é Biondetta, fonte de realização dos desejos de Álvaro, por quem passa a nutrir grande paixão. Apaixonado, ele suplica que Biondetta não seja um ser fantástico, mas sim uma mulher real. O Belzebu afirma que, para isso, seria necessário que ele consentisse em viver um amor sem reservas. Dividido, Álvaro oscila entre a tirânica paixão e a rejeição, mediada pelo medo de Biondetta e a santa lembrança de sua mãe. Não obstante, Álvaro se entrega, estabelecendo o pacto com o demônio. Nesse momento, a figura aterrorizante da cabeça de camelo retorna e Álvaro, apavorado, desmaia. A atmosfera de fantasia e irrealidade se torna de tal modo perigosa que deixa o pacto com o diabo insuportável para o personagem (LACAN, 1956-57/1995).

Ao recobrar os sentidos, Álvaro volta à casa de sua mãe, que chama um médico para lhe assegurar que se tratava de uma ilusão e que, embora seduzido, tinha sido salvo por seus remorsos e intenções morais. A mãe o aconselha a criar laços com uma mulher que ela mesma escolhesse e que teria características celestes. Com esse retorno à mãe, e a consequente dissipação da imagem demoníaca, encerra-se a novela.

Da narrativa de *O diabo enamorado*, Lacan (1958-59/2016) extrai o *Che vuoi?*, localizando-o como uma resposta antecipada, anterior à pergunta e que se mantém como interrogação para os sujeitos em sua relação com o Outro. Chama-lhe a atenção, mais do que a característica de supereu que essa pergunta carrega, a ambiguidade nas formas em que esse personagem apresenta: ora como cachorrinho, ora como rapaz, ora como moça encantadora. Nessa novela, o diabo não encarna a figura do mal, mas a de um certo saber sobre o desejo. Campos (2013) lembra que há uma exterioridade na experiência do próprio desejo e que a pergunta sobre este se faz sempre em segunda pessoa. Diante da falta de respostas ao *Che vuoi?*, Álvaro responde com sua ilusão, sua fantasia, ou seja, o objeto do desejo situa-se no mesmo lugar que a opaca resposta "eu sou aquele que sou", que é também o ponto em que "ficamos sempre ouvindo a interrogação do *Che vuoi?*, proferida por uma estranha cabeça de camelo metamórfico, de onde também pode sair a pequena cadela fiel do desejo" (LACAN, 1962-63/2005, p. 374).

A fantasia fundamental ou fantasma fundamental é, portanto, essa resposta construída pelo sujeito ao enigma da questão sobre o desejo do Outro. No Seminário 6, Lacan (1958-59/2016, p. 322) é enfático ao dizer que "não há Outro do Outro", ou seja, não há algo que possa responder como garantia de uma ordenação desse Outro. O Nome-do-Pai não é suficiente para dar conta do que se passa com o gozo do Outro. Nesse sentido, a fantasia poderia ser concebida como a resposta última ao ponto de pânico do sujeito frente à opacidade do Outro, o que o coloca como mais além do Édipo (LACAN, 1958-59/2016). Diante desse ponto opaco, que se refere à incompletude estrutural do Outro, ao que resta impossível de ser representado, o sujeito neurótico transforma a falta em demanda, à qual está sempre tentando responder.

No Seminário sobre *A transferência*, lembra que "ser subjetivado é tomar lugar num sujeito como válido para um outro sujeito, isto é, passar àquele ponto mais radical onde a própria ideia da comunicação é possível" (LACAN, 1960-61/1992, p. 297). Nessa perspectiva, "tudo o que significa para nós se passa sempre no lugar do Outro" (LACAN, 1960-61/1992, p. 297), ou seja, para que algo signifique, é preciso que seja traduzível no lugar do Outro. Nesse sentido, é frente à ausência de significante no campo do Outro que surge a pergunta.

Lacan (1960-61/1992, p. 297) faz um interessante percurso sobre a pergunta, em especial as questões que as crianças colocam, embaraçando os adultos, tais como: "O que é correr? O que é bater com o pé? O que é um imbecil?". Essas perguntas surgem quando a criança já sabe lidar com os significantes e expressam um "recuo do sujeito com relação ao próprio uso do significante" (LACAN, 1960-61/1992, p. 297), assim como um recuo diante da incapacidade do significante de captar tudo. A pergunta pressupõe, então, uma certa separação do Outro e, nesse sentido, ela "ataca o significante como tal" (LACAN, 1960-61/1992, p. 298).

Dessa maneira, quando alguém se questiona sobre "quem sou eu?", salvo se for analisado, está escondendo o fato de que "se perguntar o que se é não quer dizer nada além da etapa da dúvida sobre o ser, pois ao simplesmente formular assim sua questão, ele cai em cheio na metáfora, só que não se dá conta disso" (LACAN, 1960-61/1992, p. 298).

Nesse sentido, a pergunta sobre "Que quer ele de mim?" não se restringe a "Que quer ele comigo?", mas trata-se também de uma interrogação que concerne diretamente ao Eu: não somente "Como ele me quer?", mas "Que quer ele a respeito deste lugar do eu?" (LACAN, 1962-63/2005, p. 14). Isso está em consonância com o que ele escreve em "Subversão do sujeito e dialética do desejo" (LACAN, 1960b/1998), que a fantasia seria como um estojo do Eu. Daí ter considerado, no Seminário sobre *A Angústia*, que a fantasia funciona como uma chave do que a doutrina freudiana introduz sobre a subjetividade. E por isso sua desestabilização produz angústia e até mesmo enlouquecimento – como se testemunha na clínica, quando vemos sujeitos extremamente angustiados por não estarem conseguindo reconhecer seu lugar no desejo do Outro. A clínica com crianças diagnosticadas com Transtorno de Hiperatividade também evidencia como elas estão em dificuldade para se posicionar e se encontrar no campo do Outro. Sobre isso, o livro *A psicanálise do hiperativo e do desatento... com Lacan*, organizado por Ana Lydia Santiago e Márcia Mezêncio (2013), é uma indicação relevante.

Che vuoi? é uma questão que acompanha e atormenta o sujeito neurótico pela vida, determinando seu modo de escolher. É uma questão que surge como resposta à impossibilidade do significante de dizer tudo. Nessa vertente, a fantasia escraviza o sujeito com um modo único de resposta, e ele passa sua vida tentando ser o que responderia ao desejo do Outro, aprisionado a sua fantasia. É nesse ponto que a análise pode intervir, permitindo-o ir além, atravessar a fantasia.

Lacan (1960b/1998, p. 829) indica que o desejo é desejo do Outro, "em que o 'de' fornece a determinação chamada pelos gramáticos de subjetiva, ou seja, é como Outro que ele deseja". Onde o sujeito espera encontrar um oráculo, o que encontra é uma pergunta. Ou seja, ao se perguntar sobre seu desejo, depara-se com a seguinte questão: "*O que o Outro quer de mim?*". O sujeito encontra o significante desse desejo no falo, que, ao mesmo tempo que representa a fenda aberta no Outro, indica a alienação do sujeito ao Outro (LACAN, 1960b/1998). O neurótico acredita no falo como o que viria a completar a falta do Outro, atribuindo-lhe uma função imaginária de completude. O falo não é uma fantasia, nem um objeto conectado à realidade, nem mesmo o órgão. É um significante que tem a função de levantar o véu daquela realidade que o sujeito mantinha envolta em mistérios (LACAN, 1958/1998).

Lacan indica que o falo seria o signo de uma ausência:

> Se phi, o falo como significante, tem um lugar, é, muito precisamente, o de suplência no ponto onde, no Outro, desaparece a significância – por haver, em algum lugar, um significante que falta. Daí o valor privilegiado deste significante, que se pode escrever, sem dúvida, mas que só pode se escrever entre parênteses, dizendo que ele é o significante do ponto onde o significante falta. E é por essa razão que ele pode se tornar idêntico ao próprio sujeito, no ponto em que podemos escrevê-lo como sujeito barrado, isto é, no único ponto em que nós, analistas, podemos colocar um sujeito como tal. (1960-61/1992, p. 287)

O falo como significante é diferente do falo como efeito do significante, o que tem a ver com o Complexo de Castração. Nesse sentido, Lacan propõe duas notações para o falo: o Φ e o *phi* minúsculo. Para ele, "há, com efeito, uma ambiguidade fundamental entre o Φ e o *phi* minúsculo, entre o grande *Phi*, símbolo, e o pequeno *phi*" (LACAN, 1960-61/1992, p. 293). O pequeno *phi* designa o falo imaginário, "enquanto interessado concretamente na economia psíquica, no nível do Complexo de Castração" (LACAN, 1960-61/1992, p. 293). Já o Φ é um símbolo que se apresenta "no lugar onde se produz a falta de significante" (LACAN, 1960-61/1992, p. 293).

Marcus André Vieira (2019), em seu texto "Sobre o falocentrismo", indica uma diferenciação entre o falo imaginário e o falo simbólico. Para definir o falo, lembra que não se reduz ao pênis. Toma-se essa parte do corpo, que quando se enrijece dá prazer, e o fixa em sua ereção. Nesse sentido, é a partir dessa fixação que o órgão é colocado em forma de totens, vasos etc. "A vida que sacudia ocasionalmente esse órgão agora está totalizada na forma do eternamente ereto, imaginário." Nesse sentido, "o falo nunca foi o pênis, ele é apenas o pênis 'bem na foto'" (VIEIRA, 2019, n.p.).

Como esse que "fica bem na foto" não se sustenta o tempo inteiro na realidade cotidiana, acaba por ficar marcado por uma falta que se apresenta em sua negatividade, a castração: "a castração nada tem a ver com mutilação, mas com o fato de que nunca se é infalível como, por exemplo, nos filmes pornô" (VIEIRA, 2019, n.p.). Desse modo, a crença no falo ereto funciona como um indexador de negativação.

Considerando que a fantasia seria uma espécie de fixação a esse falo bem na foto, "é com a ajuda dessa relação fantasística que o homem se encontra e situa seu desejo. Daí a importância das fantasias" (LACAN, 1957-58/1999, p. 455). Nessa perspectiva, a fantasia seria o correspondente e o suporte do desejo.

Ao fazer uma leitura da prática dos analistas de sua época, Lacan localiza que estavam conduzindo as análises visando a uma redução da posição neurótica do desejo, tentando normatizá-lo e prendê-lo à questão genital, quando deveriam buscar a liberação da posição do desejo como tal, "fora de seu atolamento na dialética particular própria do neurótico". E ele retoma esse ponto na relação do sujeito com sua própria imagem, e da relação narcísica com a imagem do Outro, reforçando sua crítica tanto à busca por um fortalecimento do Eu quanto à identificação com o analista, almejadas pela *Ego Psychology*. Isso porque quanto mais forte estiver o Eu, mais organizadas estarão suas resistências em torno de sua construção neurótica.

Em relação à questão sobre o *Che vuoi?*, o Outro é solicitado a responder pelo valor desse tesouro a partir de seu lugar na cadeia significante. O neurótico vai, portanto, buscar identificar a falta do Outro, sua castração, a uma demanda. Ele dedica sua castração à garantia do Outro e se detém aí. Desse modo, vive à espera de que lhe demandem (LACAN, 1958-59/2016). Com isso, ele prefere o capricho ou a onipotência do Outro a saber sobre sua castração (RABINOVICH, 1986). Seja histérico, obsessivo ou fóbico, o neurótico identifica a falta no Outro com sua demanda (LACAN, 1960b/1998), pois ele dedica sua castração à garantia do Outro (LACAN, 1962-63/2005). A demanda do Outro assume, portanto, função de objeto em sua fantasia e, assim, está sempre a demandar que o demandem, que lhe supliquem, porque não quer pagar o preço de ser castrado (LACAN, 1962-63/2005).[15] Numa

15. Sobre a castração, Alvarenga (2002) nos indica que Lacan conserva essa noção do início ao fim de seus Seminários, desmembrando-a da interdição e definindo-a com uma negação lógica: "o fato que não se pode segurar todos os significantes juntos".

análise, ele também vai demandar que o psicanalista o demande, que peça que ele leve sintomas e sonhos para ele. Porém, a associação livre é a única demanda que o analista vai fazer, re-enviando-o ao vazio de seu próprio desejo.

A demanda é o que se produz mais além das exigências biológicas tomadas pelo viés de seu reprocessamento pela necessidade (SANTIAGO, 2013). O desejo não é a demanda de amor, nem mesmo um apetite de satisfação. É, pois, a margem do que faz surgir da demanda enquanto ela modifica a própria necessidade (LACAN, 1958-59/2016). Ele é a diferença que resulta da subtração da demanda pela necessidade, ou seja, é a própria fenda que se instaura no âmbito do sujeito do inconsciente (LACAN, 1958/1998).

Como indica Miller (2013a), se o desejo é um dos fatores basais da leitura que Lacan faz da obra de Freud, é na medida em que não está pré-formado no organismo como um instinto ou um saber infalível que conduziria ao bem-estar. Ao contrário, o desejo é o que se extravia e, por isso mesmo, não é passível de nenhuma normatização (LACAN, 1958-59/2016). O objeto do desejo é metonímico e não está à frente, como alvo, mas atrás, como gatilho, como causa. Nesses termos, o objeto do desejo não é homogêneo à realidade. Não é um elemento da realidade, uma pessoa, uma ambição. Ele escapa à dominação do Nome-do-Pai e da metáfora paterna (MILLER, 2013b). No Seminário 6, lê-se que o mestre pode disciplinar muitas coisas, principalmente o comportamento em relação aos hábitos, ou seja, o manejo do Eu. O desejo, no entanto, não se disciplina. Não se pode padronizá-lo: "a interpretação do desejo já é, por si só, subjetiva" (LACAN, 1958-59/2016, p. 19). Insiste-se, portanto, que o desejo não é normatizável exatamente porque a fantasia padece dessa mesma característica, já que ela é suporte do desejo (LACAN, 1958-59/2016). É assim que Miller (2008, 2013d) reafirma que a fantasia é a mediação entre prazer e desejo, segundo a fórmula que nos diz que ela efetua o prazer próprio do desejo.

Na histeria, na neurose obsessiva e na fobia, a questão sobre o desejo do Outro tem configurações diferentes. Se na histeria o sujeito sustenta seu desejo perante o Outro pela via da insatisfação, na neurose obsessiva isso ocorre pela impossibilidade. A fobia seria uma tentativa de se proteger desse desejo. Segundo Lacan (1958-59/2016), verifica-se, na posição neurótica, um pedido de socorro do sujeito para sustentar seu desejo na presença do desejo do Outro e se constituir como desejante

O desejo é uma defesa, ou seja, ao se constituir como desejante, o sujeito está se defendendo de seu desamparo (LACAN, 1958-59/2016). Isso porque, para sustentar seu desejo, ele precisa pedir ajuda àquilo que ocupa uma posição terceira em sua relação com o Outro: o falo. E é nessa posição em relação ao falo que ele consegue suportar a relação evanescente do sujeito barrado diante do objeto. Nesse sentido, o papel do falo, nesse momento de 1957, é o de permitir ao sujeito simbolizar sua relação com o Outro. Há, no Outro, algo que coloca o sujeito a uma distância do seu ser e que faz com que ele só o alcance "na metonímia do ser no sujeito que é o desejo" (LACAN, 1958-59/2016, p. 32). Na relação com o Outro, no nível da fala, que é onde se passa a demanda, há um significante que sempre falta. Esse significante é o falo, "elemento significante subtraído da cadeia da fala" (LACAN, 1958-59/2016, p. 32). Daí sua relação com o Complexo de Castração. A partir desse desenvolvimento, Lacan conclui que, se "o desejo é a metonímia do ser no sujeito, o falo é a metonímia do sujeito no ser" (LACAN, 1958-59/2016, p. 32). Convém lembrar que a metonímia está inscrita na própria definição lacaniana de sujeito: que é representado por um significante para outro significante.

Tanto a dimensão metonímica do desejo quanto as dificuldades de sustentá-lo encontram testemunho na leitura que Lacan (1958-59/2016) faz do *Hamlet* de Shakespeare, peça escrita entre 1599 e 1601. Embora, tal como Freud, Lacan tenha feito aproximações entre Hamlet e Édipo, sua interpretação vai mais além do Édipo. Até então, Hamlet era colocado lado a lado com esse importante personagem da mitologia, o que já está presente desde a Carta 71 de Freud a Fliess. Nesta, ao reconhecer pela primeira vez e escrever sobre o Édipo, indica: "passou-me pela cabeça uma rápida ideia no sentido de saber se a mesma coisa não estaria também no fundo do Hamlet" (FREUD, 1950[1892-1899]/1996, p. 316). O Hamlet de Freud é alguém que procrastina a vingança pela morte do pai em função do desejo incestuoso recalcado do próprio sujeito. A ideia freudiana é a de que o que Édipo realizou, Hamlet inconscientemente desejou.

Lacan (1958-59/2016) propõe ir além de uma psicologia de Hamlet. Indica que a relação com o Édipo e com a castração são arapucas em torno dessa peça que causa tanto interesse por colocar em cena o problema do desejo. Diz: "o aparelho da peça *Hamlet* é uma espécie de rede, de arapuca em que o desejo do homem é pego" (LACAN, 1958-59/2016, p. 279). Por essa razão, *Hamlet* é "a tragédia do desejo" (LACAN, 1958-59/2016, p. 271). Nesse sentido, trata-se de dar lugar ao que Shakespeare traz sobre o desejo e não analisar a personalidade de seu personagem: "Hamlet não é um obsessivo, pela boa razão de que é uma criação poética. Hamlet não tem uma neurose, ele nos demonstra a neurose, e é uma coisa completamente diferente de sê-lo" (LACAN, 1958-59/2016, p. 349). Por encenar a relação do desejo e evidenciar sua estrutura, *Hamlet* é uma peça em que a função da fantasia é capital.

A "tragédia do desejo" e a fantasia de Hamlet

A tragédia shakespeariana se inicia no Castelo de Elsinor, na Dinamarca, com os guardas conversando sobre a aparição do fantasma (*ghost*) do rei Hamlet. No transcorrer de algumas páginas, o fantasma consegue transmitir sua mensagem para o filho, o príncipe Hamlet. Pede-lhe que vingue sua morte, que havia sido planejada e executada por Cláudio, irmão do rei, com quem, há um mês da referida morte, a viúva se casou. Para Lacan (1958-59/2016), o *ghost* não teria dado uma ordem e sim revelado o desejo de Gertrudes, mãe de Hamlet – o que é essencial na trama. Todo o enredo se desenvolve em torno da tentativa do príncipe, ainda enlutado pela morte do pai, de constatar a veracidade das informações do fantasma e levar a cabo essa vingança (LACAN, 1958-59/2016).

Além disso, há sua paixão por Ofélia, irmã de Laertes e filha de Polônio, conselheiro do Rei. Ofélia é colocada como armadilha para que Hamlet fale e exiba as razões de sua loucura diante dos outros personagens, que o assistiam escondidos. Na cena, ele duvida de sua honestidade e ironicamente a manda ir para um convento, abandonando-a.

Pode-se considerar que Hamlet confunde Ofélia com Gerturdes, que como mulher não lhe parecia confiável. Também é importante destacar o recurso que Hamlet faz à *play scene*, cena dentro da cena, pedindo a alguns atores que encenassem a trama revelada pelo fantasma, enquanto ele observava a reação dos reis ao assisti-la. Hamlet tem a constatação e, então, decide executar a vingança, mas não sem procrastiná-la. Vai em busca de sua mãe para uma dura conversa e tal momento é essencial, pois demonstra o quanto Hamlet estava embaraçado diante do desejo dela como mulher.

Nessa cena, que é fundamental na leitura lacaniana do Hamlet, Polônio estava atrás da tapeçaria e grita por socorro ao temer pela segurança da rainha, diante do modo agressivo de Hamlet. Ao perceber que havia alguém ali e por acreditar que seria Cláudio, acaba matando Polônio. Ofélia, abandonada por Hamlet e frente à morte do pai, enlouquece e se afoga nas águas do rio. Hamlet é enviado pelo rei para a Inglaterra e, obediente, vai rumo a um atentado do qual se salva graças aos piratas. Escapa e retorna para a Dinamarca, onde se depara com a preparação de um enterro no cemitério da cidade (LACAN, 1958-59/2016; SHAKESPEARE, 1996).

A continuidade da cena no cemitério, quando Hamlet vê Laertes chorando pela morte da irmã, Ofélia, também é destacada. Reconhecendo-se através do luto vivido por Laertes, como enlutado, Hamlet acaba por tomar uma outra posição na tragédia. Esse momento teria restituído sua maneira de se posicionar como sujeito dividido na relação com o objeto, ou seja, sua fantasia. A partir daí, entra em cena um outro Hamlet. É quando ele consente em entrar no duelo a que foi convocado por Cláudio a participar e tem-se o ato final. Como ressalta Lacan (1958-59/2016), Hamlet derrota Laertes em todos os assaltos. Contudo, esse duelo era um atentado. Uma taça de vinho e uma espada envenenadas, que no ato passam por diversas mãos, acabam por matar Gerturdes, Laertes e Hamlet. Laertes, antes de morrer, perdoa Hamlet e pede que não caiam sobre ele as mortes de seu pai e de sua irmã. No resto de vida que tem, Hamlet exige que o rei beba de seu próprio veneno. Morrem todos, com exceção de Horácio, amigo de Hamlet, que contará o que houve ali: o resto é silêncio. Juntamente com essas mortes, chega da Inglaterra a tropa de Fortinbrás que invade o castelo e se depara com a cena. Fortinbrás lamenta que o príncipe Hamlet tenha morrido, pois teria sido um grande rei. Há, portanto, uma certa passagem na trama de um Hamlet melancólico a um Hamlet herói (LACAN, 1958-59/2016; SHAKESPEARE, 1996).

No Seminário 6, há "Sete lições sobre Hamlet" (LACAN, 1958-59/2016). De acordo com Santiago (2014a), Lacan não recusa a diretiva de Freud sobre o Édipo em sua leitura de Hamlet, e sim a suplanta, indo além de seu mestre. Especialmente quando, ao dizer que "não há Outro do Outro" (LACAN, 1958-59/2016, p. 322), aponta para a insuficiência da metáfora paterna e do Nome-do-Pai para dar conta do gozo materno. Por essa razão, o desejo materno resta sempre enigmático, o que a tragédia de Shakespeare elucida.

Hamlet tem dificuldades com o ato de vingar o pai e o adia porque o que torna sua tarefa "repugnante" é o *x* de seu desejo. Ele está se debatendo com um desejo, mas que não é o seu: "Considerando-o ali onde está na peça, é o desejo não *por* sua mãe, mas *de* sua mãe. Na verdade, é somente disso que se trata" (LACAN, 1958-59/2016, p. 302). Na cena que decorre da *play scene*, é possível extrair consequências dessa afirmação. Lacan orienta que ela seja lida ponto por ponto, dada sua relevância. Indica-se, também, a interpretação feita por Julie Christie e Kenneth Branagh, no filme *Hamlet*, dirigido e encenado por ele em 1966.

Hamlet repreende sua mãe questionando-a: "Que vida é essa que você está levando! Além disso, você, afinal, já não é jovenzinha, isso tem de se acalmar um pouco em você!". A fala de Hamlet foi como uma flecha a partir o coração de Gertrudes. "As coisas chegam a um ponto em que a mãe fica literalmente sem ar" e o espectro precisa reaparecer nos aposentos da rainha para protegê-la de um possível "transbordamento agressivo do filho, diante do qual ela mesma, num determinado momento, tremeu: Vais me matar? Até onde chegarás?". O conselho do *ghost* foi o de que era preciso que Hamlet se colocasse entre "ela e sua alma em conflito" (LACAN, 1958-59/2016, p. 304).

Depois do clímax da cena, Hamlet tem uma brusca recaída, que o faz pensar que ela iria voltar para seu amante e dizer tudo isso que lhe foi dito: "ou seja, você vai deixar ele te dar um beijinho no rosto, fazer um cafuné na nuca, uma cariciazinha na barriga e tudo isso vai acabar, como de costume, na zona. É exatamente isso que Hamlet diz" (LACAN, 1958-59/2016, p. 304). Ressalta Lacan (1958-59/2016, p. 304): "ele vocifera, xinga, esconjura e, depois, vem a recaída de seu discurso, um abandono que reside nas próprias palavras, o desaparecimento, desmaio de seu apelo no consentimento ao desejo da mãe, armas rendidas perante algo que parece inelutável".

É com a vontade paterna, que representa a ordem, o pudor e a decência, que Hamlet se dirige ao Outro, já que sua mãe havia se tornado uma "boceta arreganhada. Sai um, chega outro" (LACAN, 1958-59/2016, p. 309). Não há lugar para o luto na mãe. Hamlet está, desde o início da peça, às voltas com o levantamento de um véu realizado pelo espectro do pai. Este desvela o saber de que o pai, a quem Hamlet tanto admirava, não era suficiente como homem para Gertrudes. Nesse momento, abre-se para "a máxima falsidade do que Hamlet via como o próprio testemunho da beleza, da verdade, do essencial" (LACAN, 1958-59/2016, p. 321). O estatuto da verdade passa a ser o de "uma verdade sem esperanças".

Hamlet teria se deparado com o S de Ⱥ, que indica que no lugar da fala, no lugar em que repousa o conjunto do sistema dos significantes, falta algo. E é dessa constatação de Hamlet que Lacan (1958-59/2016, p. 322) extrai sua conclusão de que "não há Outro do Outro": "o grande segredo [da psicanálise] é: não há Outro do Outro", ou seja, "não há, no Outro, nenhum significante que possa, conforme o caso, responder pelo que sou". Essa formulação corresponde ao S de A barrado: S(Ⱥ).

Miller (2013c) destaca que, para chegar à afirmação de que "não há Outro do Outro", Lacan precisou ir contra ele próprio, pois ele acreditava no Nome-do-Pai como garantidor de uma certa ordem sobre o Outro. Sob esse prisma, um mundo regido pela ordem simbólica seria um mundo em que cada coisa estaria em seu lugar – ideal de uma ordem harmônica, com leis invariáveis e amarradas ao Nome-do-Pai. Todo o percurso posterior ao Seminário 6 segue contrário a isso, rumo ao "desmantelamento dessa pseudo-harmonia simbólica" (MILLER, 2013c).

Freud já havia constatado a impotência do pai para reabsorver todo o gozo sobre seu signo, o que designou de vertente infinita da análise (FREUD, 1937a/2017). Para Miller (2014a), o Seminário 6 seria um Seminário *carrefour*, de cruzamento, em que Lacan está diante de duas vias abertas: ou a da metáfora paterna ou a da metonímia desejante. Lacan prefere seguir a via não normatizável do desejo a ir pela trilha do pai. Por essa razão, vai da lógica do Pai à lógica da fantasia. Como afirma Santiago (2014a), quando entra em jogo a singularidade do desejo incrustado na fantasia, a verdade perde seu caráter absoluto e passa a se tornar relativa. Seria um deslocamento de uma concepção do inconsciente calcado na verdade para uma concepção que leve em conta o inconsciente marcado pela relação com o gozo da fantasia e com sua dimensão perversa. Trata-se, portanto, de uma mudança da clínica do Pai para a clínica da lógica da fantasia (SANTIAGO, 2014a).

"*Unheimliche*"

Diante da castração, Hamlet dá mostras de certo enlouquecimento. Para Lacan (1958-59/2016, p. 341), "Shakespeare escolheu o tema de um herói coagido a se fazer de louco para prosseguir nos caminhos que o levam a seu gesto final", e essa é a política do herói moderno. O desalinho do personagem, em seu "comportamento estranho", seria compatível com o de uma desorganização subjetiva. "Tal fenômeno ocorre quando algo vacila na fantasia, fazendo surgir seus componentes, recebidos no que denominamos uma experiência de despersonalização", diz (LACAN, 1958-59/2016, p. 343). Essa vacilação da fantasia produz uma transformação entre os limites imaginários do sujeito com o objeto. Isso porque a fantasia é o meio especular do qual o sujeito se serve para encontrar seu lugar no simbólico (LACAN, 1958-59/2016, p. 146). Seria por isso que Lacan (1958-59/2016) teria dito que Hamlet nos transmite a economia interligada do real, do simbólico e do imaginário.

A desestabilização da fantasia se aproximaria do *Unheimliche* – o infamiliar, ao mesmo tempo estranho e familiar, abordado por Freud (1919/2016). Esse tipo de fenômeno estaria ligado a um "desequilíbrio que se produz na fantasia quando, ultrapassando os limites a ela atribuídos de início, ela se decompõe e vem se juntar à imagem do outro" (LACAN, 1958-59/2016, p. 344). Infelizmente, o psicanalista traz apenas "uma pincelada" sobre esse assunto, mas nos deixa elementos importantes para fazer uma leitura desse tema que é bastante clínico. Encontram-se, na prática clínica, sujeitos neuróticos que se apresentam com certo enlouquecimento que poderia até se assemelhar a uma psicose. O próprio caso do Homem dos Ratos, que vamos indicar posteriormente, chegou a apresentar um pensamento que Freud chamou de delirante. Não teria havido ali uma desestabilização da fantasia?

Em *Hamlet*, toda a posição melancólica e enlouquecida cessa após o enterro de Ofélia. Tal é a interpretação lacaniana que nos lembra que ver Laertes, na cova da irmã, estampar um luto transbordante, faz Hamlet "perder as estribeiras" e entrar na cova para se engalfinhar com ele (LACAN, 1958-59/2016, p. 311). Há uma relação especular de Hamlet com Laertes, e o que o príncipe vê é uma paixão de um sujeito com um objeto. A partir disso, ele pode restabelecer sua própria relação com Ofélia, "o objeto pequeno a que fora rejeitado devido à confusão, à imisção dos objetos" (LACAN, 1958-59/2016, p. 311). Pode se atirar sobre um abraço apaixonado e se restabelecer como "Hamlet, o dinamarquês", com um grito que é destacado dessa cena: *This is I, Hamlet the Dane* (LACAN, 1958-59/2016, p. 311). O elemento especular encontrado no luto de Laertes permite a Hamlet produzir um buraco no real que pode promover uma distância entre o objeto Ofélia e sua relação com a mãe Gertrudes. Esta seria a definição lacaniana do trabalho de luto: "o luto que é uma perda verdadeira, intolerável para o ser humano, lhe provoca um buraco no real" (LACAN, 1958-59/2016, p. 360).

A retomada da peça feita no Seminário *A angústia* nos permite compreender melhor tal elaboração. A ausência de luto na mãe faz desvanecer em Hamlet qualquer impulso possível de um desejo: "o desejo falta porque o Ideal desmoronou" (LACAN, 1962-63/2005, p. 363). O poder do desejo desaparece em *Hamlet* e só é restaurado a partir da visão de um luto do lado de fora, "o luto de Laertes por sua irmã, que era o objeto amado por Hamlet e de quem ele fora subitamente separado pela carência de desejo" (LACAN, 1962-63/2005, p. 365).

Hamlet não é um caso clínico, como ressalta Lacan (1958-59/2016, p. 312), mas é uma plataforma giratória onde podemos encontrar os traços do modo de funcionamento do desejo. Nesse panorama, há a dificuldade de Hamlet com o desejo, algo que se aproximaria tanto do desejo histérico quanto do obsessivo:

> o problema de Hamlet está mais perto do desejo histérico, pois esse problema consiste em reencontrar o lugar de seu desejo. (...) Mas também é verdade que é o desejo do obsessivo, na medida em que o problema desse sujeito é se apoiar em um desejo impossível. (LACAN, 1958-59/2016, p. 313)

Na neurose obsessiva, o sujeito procura manter à distância a hora do encontro desejado. Embora essas duas dimensões estejam presentes, Lacan chega a demarcar que há mais evidências do funcionamento da neurose obsessiva, pois "o drama de *Hamlet* é o encontro com a morte" (LACAN, 1958-59/2016, p. 315).

É o encontro com a morte que Hamlet adia até o final, tanto que só mata Cláudio após já ter sido mortalmente atingido. Da mesma maneira como Lacan faz uma diferenciação da função do desejo nos tipos clínicos da neurose, é possível localizar modos distintos de fantasiar dentro da estrutura neurótica, como fica evidente no Seminário *A transferência*.

Os imbróglios de Hamlet nessa "tragédia sobre o desejo" permitem verificar como a questão sobre o *Che Vuoi?* é decisiva para o posicionamento do sujeito como desejante. A partir do grafo do desejo,[16] Lacan explica que a pergunta sobre o *Che vuoi?* refere-se à subjetividade construída no Outro, pois é no campo do Outro que a subjetividade se articula. Trata-se da busca de uma regulação imaginária do Eu através do que constitui o suporte do desejo. No nível do sujeito do inconsciente, o ponto de chegada, de amarração, é simbolizado pelo "término do que constitui a pergunta do sujeito pelo S barrado em presença do

16. Grafo apresentado por Lacan em "Subversão do sujeito e dialética do desejo no inconsciente freudiano" (1960b/1998, p. 831). Ver também página 307 do Seminário 6.

a minúsculo ($◊*a*)" (LACAN, 1958-59/2016, p. 332). Isso que Lacan nomeou como fantasia, "termo de toda paixão humana enquanto marcada por alguns desses traços que chamamos de traços de perversão" (LACAN, 1958-59/2016, p. 332).

Até aqui, todas as elaborações de Lacan sobre a fantasia indicam uma relação que se estabelece entre, pelo menos, um elemento imaginário (pois Lacan considerava o objeto como imaginário no Seminário 6) e o simbólico (a rede de significantes). No entanto, a dimensão real também está presente no ponto da paixão. Vê-se, portanto, que embora ainda não tenha dito de uma lógica da fantasia, essa reposta ao *Che Vuoi?*, que se institui como ($◊*a*), começa a se apresentar tal como uma estrutura mínima. Todavia, em que consistiria essa formulação matemizada por Lacan como ($◊*a*)?

$◊*a*: estrutura mínima

Lacan (1975/2003, p. 317) indica que a lógica, não menos interessante que a linguística e a topologia, é uma "ciência do real por permitir o acesso à modalidade do impossível". Miller (2014a) propõe localizarmos duas lógicas da fantasia em Lacan. A primeira segue o fio de "Função e campo da fala e da linguagem em psicanálise", de 1953, e está presente no Seminário 6. Seria uma lógica que leva em consideração a vertente fundamental e mínima da fantasia. A segunda, que ele considera a verdadeira lógica, é a do Seminário sobre *A lógica do fantasma*, de 1966-1967, seguindo os rumos do texto "Posição do inconsciente", de 1960, e do Seminário 11, de 1964. Essa lógica permite aproximar pulsão e fantasia, o que se pode verificar no conceito de *sinthome*.

A ideia de Miller (2014a) é a de que a primeira lógica abordaria sua forma mínima, de fantasia fundamental, e poderia ser traduzida na fórmula $◊*a*. Ele considera que essa formalização estaria presente no texto "A direção do tratamento e os princípios de seu poder", escrito em 1958, e no Seminário 6, proferido no mesmo ano. Ambos evidenciam a posição crítica de Lacan no que se refere às relações objetais, com as quais se trabalhava à época.

Nos anos 50, ganhava força a escola das "relações de objeto", a partir de nomes como os de Michel Balint, Wilfred Ruprecht Bion, Ronald Fairbairn, Donald Woods Winnicott e Maurice Bouvet. Frente a esse contexto, Lacan (1958-59/2016, p. 393) é enfático ao dizer que a fantasia fundamental "é a forma verdadeira da pretensa relação de objeto, e não o modo como ela foi até agora articulada".

Acompanhando os Seminários anteriores de Lacan, fica nítido seu distanciamento das teorias que propunham uma complementaridade entre o sujeito e o objeto. Sua releitura dos "Três ensaios sobre a teoria da sexualidade" destaca o fato de que o encontro com o objeto é sempre faltoso. Em seu Seminário sobre *A relação de objeto*, de 1956, havia destacado a insistência de Freud de que toda maneira, para o homem, de encontrar o objeto é a continuação de uma tendência em que se trata de um objeto perdido, de um objeto a reencontrar. Nos "Três ensaios", Freud (1905a/1996, p. 210) afirma que "o encontro do objeto é, na verdade, um reencontro". Em nota acrescentada em 1915, ele enumera duas maneiras de se reencontrar o objeto: por apoio em modelos infantis primitivos ou seguindo o modelo narcísico de buscar seu eu no outro. Será sempre um encontro sustentado por seus restos, afinal, como muito pontuou Freud (1915/2016), o objeto da pulsão é o que há de mais variável.

Com Lacan (1956-57/1995, p. 13), entende-se melhor o que é esse reencontro: "é através da busca de uma satisfação passada e ultrapassada que o novo objeto é procurado, e que é encontrado e apreendido noutra parte que não no ponto onde se procura". Nesse sentido, levando em conta a experiência clínica que já se enuncia em Freud, Lacan ressalta que não se pode pensar em uma relação direta entre sujeito e objeto, e delimita três formas da falta do objeto: castração, frustração e privação. Mais uma crítica é feita aos pós-freudianos, que vinham privilegiando a noção de frustração aliando-a à privação do objeto.

Na castração, há uma falta fundamental que se refere à cadeia simbólica. Na frustração, a falta se localizaria no plano imaginário, e na privação ela está no próprio limite do real, completamente fora do sujeito. Nas palavras de Lacan (1956-57/1995, p. 55): "no mundo humano, a estrutura como ponto de partida da organização objetal é a falta de objeto".

Considerando que a falta é o que organiza as relações entre os sujeitos, não é possível pensar em uma relação direta entre mãe e bebê, por exemplo. A mãe vai se relacionar com a criança a partir das expectativas feitas em relação a esta, e vice-versa, o que abre espaço para uma dimensão ternária, em que o falo está aí incluído como significante do que lhes falta. Nesse sentido, não se pode pensar em uma relação de complementaridade. Também não é possível dizer de um desejo normatizado, pois essa falta funciona como causa do desejo, e não como seu ponto de chegada, o que abre para os mais variados objetos metonímicos.

Embora já nesse Seminário Lacan aponte a impossibilidade de se pensar em uma via de acesso direto do sujeito ao objeto, ele indica a perversão fetichista como uma solução que visaria a esse acesso imaginário. No fetichismo, diz Lacan (1956-57/1995), o próprio sujeito diz que encontrou seu objeto exclusivo, o qual é mais satisfatório quanto mais inanimado for. Quando ele ama o chinelo, é como se tivesse o objeto de seus desejos ao seu alcance. E, quanto mais esvaziado de qualquer propriedade "subjetiva, intersubjetiva ou transobjetiva" (LACAN, 1956-57/1995, p. 85), mais assegurado ele estará. Tal desenvolvimento permite a Lacan (1956-57/1995, p. 85) considerar que "a solução fetichista é, incontestavelmente, uma das mais concebíveis, e vamos encontrá-la efetivamente realizada".

Ao abordar o tema da perversão, Lacan faz uma nova crítica aos pós-freudianos, indicando que a vinham considerando como "uma entidade na qual a pulsão não se elaborou" (LACAN, 1956-57/1995, p. 114). Segundo ele, trata-se de uma interpretação completamente equivocada da clássica ideia freudiana de que "a neurose é o negativo da perversão". Lacan ressalta que essa passagem não pode ser simplesmente entendida como se o que estivesse oculto na neurose estaria a céu aberto na perversão, em estado livre. E indica que, para compreendê-la, é preciso lê-la à luz do "Bate-se numa criança: contribuição para o estudo da gênese das perversões sexuais", de 1919.

Lacan já indica uma diferenciação entre a fantasia perversa e a perversão no Seminário 4. Ele diz que, na perversão, trata-se do puro signo. E exemplifica através do fetiche, lembrando a situação em que a criança se detém na barra do vestido da mãe e elege o sapato, por exemplo, para interromper a cadeia da memória. Nesse sentido, o fetiche exerce uma "função de substituto daquilo que não é visto, mas que é articulado, formulado como sendo verdadeiramente para o sujeito o que a mãe possui, a saber, o falo, imaginário sem dúvida, mas essencial à sua fundação simbólica como mãe fálica" (LACAN, 1956-57/1995, p. 121). Há uma associação da fantasia com o fetiche: "com a fantasia, encontramo-nos diante de algo da mesma ordem, que fixa, reduz ao estado de instantaneidade, o fluxo da memória, detendo-o neste ponto que se chama a lembrança encobridora" (LACAN, 1956-57/1995, p. 121). Como quando se aperta a tecla *pause* numa sequência cinematográfica.

Nesse Seminário, Lacan enfatiza a prevalência da dimensão imaginária na perversão: "a dimensão imaginária aparece, pois, prevalente a cada vez que se trata de uma perversão" (LACAN, 1956-57/1995, p. 121). Entretanto, esse imaginário está articulado ao Outro, ao que o sujeito busca situar no Outro. É nesse panorama que Lacan interpreta a frase freudiana de que "a neurose é o negativo da perversão", indicando que o Complexo de Édipo também se faz presente na perversão: "nenhuma estruturação perversa, por mais primitiva que a supusermos (...) não se articula senão no, pelo e para o processo, a organização, a articulação do Complexo de Édipo" (LACAN, 1956-57/1995, p. 121).

No Seminário 5, *As formações do inconsciente*, Lacan volta a se debruçar sobre o "*bate-se numa criança*" de Freud. Novamente, está debatendo com os pós-freudianos acerca do princípio de prazer. Evoca, para tanto, a noção de fantasia em Melanie Klein, Winnicott e Jones para indicar que é preciso localizar a fantasia *mais-além do princípio de prazer*. Para Melanie Klein, na visão de Lacan (1957-58/1999), é a relação com os objetos que define e fixa uma relação primordial que fornecerá o modo como o sujeito vai se relacionar com eles. O mundo da *phantasy* seria, então, uma série de projeções das necessidades do sujeito em torno de sua agressividade fundamental. Nesse sentido, as experiências intervêm constituindo uma certa realidade, mas que se mantém em relação com uma "trama de irrealidade" (LACAN, 1957-58/1999, p. 224). Nessa perspectiva, segundo Lacan (1957-58/1999, p. 224): "o sujeito normal é, em suma, dentro dessa perspectiva, uma psicose que deu certo, uma psicose afortunadamente harmonizada com a experiência".

A teoria kleiniana propõe que as fantasias são inatas e podem ser inconscientes, denominadas de *phantasy*, ou conscientes, *fantasy*. As *phantasies* são primárias e se referem ao modo como os sujeitos se relacionam com seus objetos primordiais. Partindo da ideia de Abraham, em 1934, Klein introduz uma clivagem no objeto, que se dividiria em objeto bom e mau, de acordo com seu caráter de gratificação ou frustração. Haveria, portanto, o seio bom, que propicia satisfação, e o seio mau, persecutório e objeto de ódio e de medo. A vida de fantasias seria preponderante sobre a realidade e obedeceria ao princípio de prazer (OLIVEIRA, 2007). Nas trilhas de Klein, Winnicott indica que o surgimento do mundo da fantasia refere-se ao modo como o sujeito equilibra sua realidade, o que é criticado por Lacan (1956-57/1995), que considera que isso também acaba por destacar uma homogeneidade da psicose ao se relacionar com o mundo. Lacan não desconsidera a preponderância da realidade psíquica sobre a material – pressuposto que está na base da teoria psicanalítica. No entanto, dá lugar a uma articulação que propõe que a realidade se sustenta através dos registros do imaginário, simbólico e real. Ou seja, tem lugar o que irrompe do real sobre a construção imaginária ou simbólica.

Mais uma vez evocando o "Bate-se...", em seu Seminário 6 Lacan prossegue na crítica aos pós-freudianos que acreditavam em uma ideia de maturação da pulsão, relacionada a um desejo genital maduro. Isso corresponderia a dizer que "o desejo se inscreve numa ordem homogênea à realidade" (LACAN, 1958-59/2016), o que está distante do que se verifica na clínica. Lacan evoca o fundador da *Ego Psychology*, Heinz Hartmann, novamente, para evidenciar a confusão com a qual o objeto vinha sendo considerado. Hartmann, num texto de 1950, *Comments on the Psychoanalytic Theory of the Ego*, foi quem trouxe uma distinção entre o ego como instância psíquica e o *self* (si mesmo), que seria a personalidade. A corrente da *Ego Psychology* sustentava a autonomia do Eu no controle das pulsões, permitindo-lhes conquistar uma independência frente à realidade externa. Nesse sentido, a intervenção se basearia na busca por um fortalecimento do Eu, para isso se servindo de uma padronização enquadrada no dito *setting* analítico.

Diz Lacan (1958-59/2016, p. 391): "Há, por um lado, o objeto que se situaria na realidade (...). Há, por outro, o objeto que se inscreve na relação do sujeito com o objeto, relação que implica, de forma pelo menos latente, conhecimento". Ele explica que é preciso reconhecer que o objeto se refere ao objeto da castração, ou seja, "o objeto *a* se define, em primeiro lugar, como suporte que o sujeito se dá quando fraqueja" (LACAN, 1958-59/2016, p. 393). E é por isso que a forma da relação de objeto é a da fantasia, e não a maneira tal como vinha sendo articulada até então.

No texto sobre "A direção do tratamento e os princípios de seu poder" (LACAN, 1958/1998, p. 613), também questiona a ideia de desejo genital e a patologização que se imputava quando um objeto se apresentava como decomposto: "o que faz o objeto apresentar-se como quebrado e decomposto talvez seja algo diferente de um fator patológico. E que tem a ver com o real esse hino absurdo à harmonia do genital?". Isso leva à conclusão de que, se Freud precisou forjar o Édipo, foi para "explicar as barreiras e as degradações (*Erniedrigungen*) que são o que há de mais banal na vida amorosa, mesmo a mais realizada" (LACAN, 1958/1998, p. 613).

Vê-se, portanto, que a noção de fantasia é cara a Lacan por permitir-lhe uma certa reviravolta no que se vinha concebendo como relação de objeto à sua época. Nesse sentido, desde antes do Seminário 6, Lacan se interessa pela questão da fantasia, ainda que, inicialmente, para subverter o modo como ela vinha sendo abordada pelos pós-freudianos, o que lhe permitiu, posteriormente, chegar a formalizar sua lógica.

Nesse contexto conceitual da falta de objeto, a fantasia é definida "como o imaginário aprisionado num certo uso significante" (LACAN, 1957-58/1999, p. 421). Isso porque, ao mesmo tempo que se constitui como cena, sua dimensão de roteiro não deve ser desconsiderada: "é algo que não apenas o sujeito articula num roteiro, como no qual ele próprio se coloca em cena" (LACAN, 1957-58/1999, p. 421). É o que evidencia a fantasia do "*bate-se numa criança*". Isso conduz à elaboração que culmina na proposição da fantasia por meio de uma fórmula. A própria ideia de uma fórmula da fantasia é uma indicação do quanto Lacan visava na fantasia um núcleo fundamental. No Seminário *O desejo e sua interpretação*, Lacan (1958-59/2016, p. 393) diz que: "A fórmula simbólica ($\$\Diamond a$) dá sua forma ao que chamo de fantasia fundamental". Essa fórmula denota uma dupla relação entre seus termos. O símbolo $\Diamond$, punção, contém quatro dimensões: "^" inclusão, alienação; "v" exclusão, separação; "<" menor e ">" maior (LACAN, 1958-59/2016). Trata-se de um símbolo topológico que permite manter vinculados dois elementos tão diferentes como o sujeito e o objeto (MILLER, 1988).

Nesse sentido, lê-se $\$\Diamond a$ como: sujeito barrado em junção e disjunção com o objeto. Estão presentes na fantasia tanto o sujeito em sua condição de *fading* em relação ao significante quanto o objeto. O *fading*, esse eclipse, é um termo retirado da comunicação para designar aquilo que se produz em um aparelho de reprodução da voz quando ela desaparece e reaparece em função de alguma variação própria à sua transmissão (LACAN, 1958-59/2016). Desse modo, a cada vez que entra em jogo a noção de realidade, está implícito o objeto, pois há um movimento de busca disso que se perde pela entrada na ordem simbólica. Como o objeto não pode nunca ser apreendido no ponto onde se procura, apenas em outro lugar, já que nunca será o mesmo das primeiras experiências de satisfação, a relação do sujeito com o mundo gravita em torno da noção da falta do objeto (LACAN, 1956-57/1995).

O objeto, enquanto objeto de desejo, refere-se àquilo do qual o sujeito é privado simbolicamente. O *fading* de que essa fórmula trata não é o do sujeito em relação ao objeto, mas sim o do sujeito em relação aos significantes da demanda. Esta equivale, em Lacan, à pressão constante da pulsão. Nesse sentido, o *fading* está relacionado aos modos de aparelhamento significante que podem responder a diferentes tipos, como, por exemplo, o oral e o anal (LACAN, 1958-59/2016, p. 369). É em razão desse aparelhamento que se pode observar nos neuróticos um "catálogo das pulsões" bastante organizado, como indica Lacan na página 838 dos *Escritos*, no texto "Subversão do sujeito e dialética do desejo", de 1960.

No Seminário 6, Lacan (1958-59/2016, p. 405) aponta que:

> A fantasia nada mais é que esse enfrentamento perpétuo entre o S barrado e o a minúsculo. O sujeito barrado marca esse momento de *fading* do sujeito em que este não encontra nada no Outro que o garanta de maneira segura e certa, que o autentique, que lhe permita situar-se e nomear-se no nível do discurso do Outro, ou seja, como sujeito do inconsciente. É em resposta a esse momento que surge, como suplência do significante faltante, o elemento imaginário, termo correlato à estrutura da fantasia.

No momento do Seminário 6, o objeto da fantasia é tomado em sua vertente imaginária, e a pulsão, tomada como demanda significante (\$<>D). Por essa perspectiva, tal como se pode verificar no grafo do desejo, pulsão e fantasia estariam separadas.

Essa primeira lógica da fantasia se enuncia em três tempos: 1) o sujeito se depara com um vazio articulado no Outro, já que "não há Outro do Outro"; 2) faz vir de uma instrumentalização do imaginário uma parte dele mesmo engajada na relação especular com o pequeno outro; 3) recorre ao objeto como suplência à carência do significante. Para Miller (2014a), "quando se lê o Seminário 6 não se sai do significante", a não ser pelo desejo, que tem uma relação com a fantasia, já que esta pode ser considerada como uma interpretação de desejo.

Miller (2014a, p. 5) aponta que "a página é virada somente no final do Seminário 6, quando ele deixa de lado o grafo do desejo de dois patamares que supõe essa distância entre pulsão e fantasia". Esse Seminário seria responsável por uma mudança importante no ensino de Lacan. Miller (2014a, p. 6) a nomeia em relação à lógica: "começamos a ver a pulsão retomar seus direitos e ser evocado um estatuto de objeto que seja real". Nesse sentido, uma segunda lógica da fantasia incluiria a ideia de que a fantasia não está desvinculada da pulsão e que não a eclipsa. A ideia de Miller é a de que, no Seminário sobre *A lógica do fantasma*, a dimensão real do objeto é bastante evidente, o que o conceito de *sinthome* explicitaria no "balé" que ele permite entre pulsão e fantasia. E em seu Seminário sobre *O sinthoma* temos a indicação de que "as pulsões são, no corpo, o eco do fato de que há um dizer (...) e esse dizer, para que ressoe, é preciso que o corpo lhe seja sensível" (LACAN, 1975-76/2007, p. 18). Destaca-se, portanto, a existência de duas lógicas distintas da fantasia, que remetem a uma mudança na concepção lacaniana da pulsão.

Essa virada, que segundo Miller (2014a) passou desapercebida por quem acompanhava Lacan, já é perceptível no Seminário 6, a partir do Capítulo XII. A "verdadeira lógica da fantasia em Lacan" já é intuída a partir da diferenciação entre o ser e o pensamento que Lacan faz a partir da afirmação freudiana "*Wo Es war, soll Ich werden*", traduzida por "Lá onde Isso era, [eu] devo devir" (LACAN, 1958-59/2016, p. 405), o que permite indicar o que é esse sujeito dividido na fórmula da fantasia. Lacan (1958-59/2016, p. 405) explica a frase freudiana da seguinte maneira: "*Lá onde Isso era*, é lá onde *Isso* fala, ou seja, no instante anterior existia algo que era o desejo inconsciente". Ele chama a atenção para o fato de que "nesse limite onde o inconsciente começa, o sujeito se perde" (LACAN, 1958-59/2016, p. 405). Isso não quer dizer que não há consciência. O que decorre disso é que ele passa a não conseguir saber quem é, nem onde está, o que elimina a possibilidade de se nomear por um significante. Mas esse limite é também o índice, pois, nessa articulação, "o objeto é (...) o que retém o sujeito diante de sua própria síncope, a pura e simples anulação de sua existência" (LACAN, 1958-59/2016, p. 405). Portanto, "devemos reconquistar o terreno perdido do ser do sujeito", diz Lacan (1958-59/2016, p. 405).

Em "A direção do tratamento", Lacan (1958/1998, p. 624) indica que "o analista é aquele que sustenta a demanda, não como se costuma dizer, para frustrar o sujeito, mas para que reapareçam os significantes em que sua frustração está retida". Esse texto foi escrito para formalizar suas elaborações clínicas inovadoras e muito distintas do que vinha se praticando à época. Com a afirmação de que o analista sustenta uma demanda vazia, ele joga por terra a ideia de que seria necessária uma identificação com sua figura. Não se trata de dar lugar ao eu do analista, e sim às fantasias do analisando. Por isso, é preciso "tomar o desejo ao pé da letra" (LACAN, 1958/1998, p. 626), pois "o desejo é a metonímia da falta-a-ser" (LACAN, 1958/1998, p. 629).

Estabelecer uma relação formalizada entre o sujeito dividido e o objeto *a*, que ganha estatuto de causa de desejo, é o que permite considerar uma "fantasia fundamental" (SANTIAGO, 2011). Em última instância, essa fantasia é o elemento articulador entre o funcionamento libidinal e a realidade psíquica – o que já está presente no Seminário 6. Por essa razão é que se diz que a fantasia fundamental comanda as repetições da vida do sujeito. Com Lacan (1958/1998, p. 643): "A fantasia, em seu uso fundamental, é aquilo mediante o qual o sujeito se sustenta no nível de seu desejo evanescente, evanescente porquanto a própria satisfação da demanda lhe subtrai seu objeto".

A fantasia fundamental, enquanto cicatriz, surge como resposta ao enigma causado pela falta no Outro. O sujeito espera que o Outro seja um "todo-poderoso", onipotente e sem faltas, pois, ao descobri-lo faltoso, essa falta o faz impotente. É o que Lacan (1956-57/1995, p. 171) havia proposto em seu Seminário 4, quando indica que, ao se sentir impotente diante da falta no Outro, o neurótico busca a onipotência em um lugar mais além, "ali onde alguma coisa não existe ao máximo", ou seja:

> O desejo é aquilo que se manifesta no intervalo cavado pela demanda aquém dela mesma, na medida em que o sujeito, articulando a cadeia significante, traz à luz a falta-a-ser com o apelo de receber seu complemento do Outro, se o Outro, lugar da fala, é também lugar dessa fala. (LACAN, 1958/1998, p. 633)

Lacan (1958/1998, p. 643) oferece uma ilustração do que seria "a fantasia fundamental": a linguagem permite ao sujeito considerar-se como um maquinista ou diretor de cena de uma captura imaginária da qual seria apenas uma "marionete viva". A fantasia, em seu uso fundamental, revela, portanto, essa tentativa do sujeito de controlar a realidade, criando uma certa estabilização de elementos.

No Seminário sobre *A transferência*, de 1960, à luz dos casos de Dora e do Homem dos Ratos, Lacan formaliza o modo como a fantasia se apresenta de maneira diferente na neurose histérica e na neurose obsessiva, tentando colocar em fórmulas distintas a fantasia fundamental própria a cada subtipo clínico. Nunca é demais lembrar que esses tipos respondem a um aparato clínico que pode auxiliar na condução do tratamento, e nunca como um guia padrão para categorizar e estigmatizar os sujeitos, pois isso seria radicalmente contrário ao projeto da psicanálise.

Na histeria, escuta-se que o sujeito se faz de portador do que faltaria ao Outro (o falo imaginário), abrindo mão de sua própria satisfação. O sujeito histérico visa ao Outro absoluto e se esforça por reanimar, reassegurar, recompletar e reparar o Outro para não ter que lidar com sua própria castração (LACAN, 1969-70/1992). Desse modo, o desejo só se mantém pela insatisfação que lhe é trazida ao se furtar ali como objeto (1960b/1998, p. 838). Na neurose obsessiva, nota-se o sujeito procurando tamponar o desejo do Outro com objetos que faliciza para não ter que lidar com a falta ali subjacente. Ele nega o desejo do Outro, formando sua fantasia para acentuar a impossibilidade do esvaecimento do sujeito. Para isso, se coloca como caucionador do Outro (LACAN, 1960b/1998, p. 838). Se, na histeria, vemos uma dificuldade de se situar em relação ao Outro, o que justifica a importância que ganha a Outra mulher, na neurose obsessiva, a questão do desejo do Outro toma a forma de uma pergunta sobre sua própria existência, daí o tema da morte ser-lhe tão caro (MILLER, 1988). Na fobia, Lacan (1958-59/2016) destaca como o objeto fóbico serve ao sujeito para que ele possa fugir da pergunta sobre o desejo do Outro.

Sobre a fobia, Lacan (1958-59/2016) lembra que se trata do sujeito confrontado com o desejo da mãe, em presença desse desejo, sem nenhum recurso. Nesse ponto, encontra o objeto fóbico como um "significante para todos os fins" (LACAN, 1958-59/2016, p. 455), que vai se instalar entre o desejo do sujeito e o desejo do Outro e, ali, assegura uma função de proteção ou defesa contra a proximidade do seu desejo.

Dora e a fantasia da mulher ideal

Dora, uma jovem de 18 anos, levada pelo pai ao Dr. Freud, chega com sua *petite hystérie* apresentando "os mais comuns de todos os sintomas somáticos e psíquicos: dispneia, *tussis nervosa*, afonia e, possivelmente, enxaquecas, junto com depressão, insociabilidade histérica e um *taedium vitae* que, provavelmente, não era muito levado a sério" (FREUD, 1905[1901]/1996, p. 33). A amizade com a família K. é indicada pelo pai adoentado como o cenário de uma fantasia criada pela filha: "o Sr. K. tivera a audácia de lhe fazer uma proposta amorosa durante uma caminhada depois de um passeio pelo lago" (FREUD, 1905[1901]/1996, p. 35). Escutando Dora, Freud não deixa de reconhecer tal cena como verdadeira "em todos os aspectos" (FREUD, 1905[1901]/1996, p. 52). O tratamento da jovem durou três meses e foi interrompido por ela; porém, logo no início, contou com um alívio dos sintomas. Freud (1905[1901]/1996) acreditava que por trás deles haveria uma fantasia sexual em torno do termo atribuído ao pai, *unvermögend Mann* (homem sem recursos, impotente). Assim, pontuou para a paciente que seus sintomas representavam a cena de satisfação sexual entre duas pessoas que ela muito amava: o pai e a Sra. K. Eles eram uma busca por fazer existir a potência paterna. Para Freud (1905[1901]/1996, p. 97), a solução do caso estaria na célebre cena do lago, numa frase dita pelo Sr. K.: "sabe, não tenho nada com minha mulher". Em nota acrescentada em 1923, ele localiza, nessa passagem, o "amor homossexual profundamente arraigado de Dora pela Sra. K." (FREUD, 1905[1901]/1996, p. 97).

Se, primeiramente, Freud acredita que Dora abandonou o tratamento por uma atuação da fantasia, vingando-se dele como gostaria de fazer com seu pai, em 1923, considera que seu erro se referiu à falta de comunicação dessa moção amorosa homossexual. Em "Intervenção sobre a transferência", de 1951, Lacan indica que o tropeço de Freud se refere à sua dificuldade em perceber que a Sra. K. encarna para Dora a questão sobre "o que é uma mulher". No Seminário sobre a transferência, diz: "seu pai é impotente com a Sra. K.? Pois bem, que importância tem isso, é ela quem fará a cópula. Ela pagará com sua pessoa. É ela quem vai sustentar essa relação" (LACAN, 1960-61/1992, p. 305). O problema localizado na cena do lago foi a destituição dessa mulher, expressa na fala do Sr. K.: "ela não é nada para mim". Lacan afirma:

> É bem verdade que, de uma certa maneira, o Sr. K. é o objeto *a*, e que na verdade é ali mesmo que está a fantasia, na medida em que a fantasia é o suporte do desejo. Mas Dora não seria uma histérica se essa fantasia a contentasse. Ela visa outra coisa, ela visa algo melhor, ela visa o A. Visa o Outro absoluto. (LACAN, 1960-61/1992, p. 304)

Daí, pode-se notar que Dora, assim como toda histérica, troca a satisfação do seu desejo pela crença de ser a fornecedora daquilo que falta ao Outro (o falo imaginário, -φ). Ela se esforça em reanimar, reassegurar, recompletar e reparar o Outro (LACAN, 1960-61/1992, p. 243). Com isso, tenta esconder sua própria castração deixando um objeto substituto ou metafórico no seu lugar. Um objeto postiço que localiza a demanda como uma maneira de fugir da angústia frente ao desejo do Outro (RABINOVICH, 1986).

Na fantasia histérica, não há, portanto, o *fading* entre o sujeito e o *a* ($◊*a*), e sim o "*a* sobre *menos phi* [falo imaginário], em sua relação com A"[17] – desejo de A (LACAN, 1960-61/1992, p. 248). Portanto, no lugar do $, lá está o sujeito histérico tentando causar o desejo, fazendo-se de portador do falo imaginário; e, no lugar em que estaria o objeto causa de desejo, está o Outro absoluto, que é o que busca em sua fantasia. É o que se observa na fórmula inventada por ele para representar essa lógica na histeria:

$$\frac{a}{-\varphi} \lozenge A$$

Trata-se, portanto, de uma fórmula que evidencia um tipo de resposta ao *Che Vuoi?* em que o sujeito tenta encontrar seu lugar no mundo buscando se fazer de causa para o Outro – oferecendo-se como

17. "A" faz referência ao termo Autre, em francês, ou Outro, em português.

o que lhe faltaria e lhe permitiria ser completo. Desse modo, seu próprio desejo nunca pode se satisfazer, já que tal satisfação consistiria em um certo abandono do Outro nesse lugar de Mestre. Por isso, Dora não pode abandonar a Sra. K. Também por essa razão, o fato de que a Sra. K. não signifique nada para o Sr. K. produz certo estado depressivo semelhante ao quadro melancólico de Hamlet. Assim como na peça, parece ter havido a queda de um ideal que sustentava o desejo de Dora e que se apaga. Parece haver, no caso Dora, também uma certa "tragédia do desejo".

Homem dos Ratos e a fantasia do Capitão Cruel

Para compreender a fantasia na neurose obsessiva, o caso do Homem dos Ratos é a referência. Trata-se de um jovem senhor de formação universitária que se apresenta a Freud (1909b/1996) com obsessões que o acompanham desde a infância e que se intensificaram nos últimos quatro anos. O medo de que algo terrível acontecesse a seu pai e a uma dama admirada por ele é destacado por Freud como principal aspecto. Também são importantes os "impulsos compulsivos" de cortar a garganta, as "proibições, às vezes sem conexão com coisas um tanto sem importância" e a vida sexual "obstruída" (FREUD, 1909b/1996, p. 143). O tratamento teve duração de onze meses e acarretou "o restabelecimento completo da personalidade do paciente, bem como a extinção de suas inibições" (FREUD, 1909b/1996, p. 139). O caso tem como cenário os ratos (*Ratten*) que tomam relevo a partir do relato de um castigo feito pelo capitão "cruel" quando prestava o serviço militar. Tal castigo consistia em amarrar o criminoso e introduzir ratos dentro de suas nádegas. Esse relato se transforma em ideia obsessiva, produzindo sintomas que se referem ao termo: *Ratten* (ratos), *Spielratten* (ratos de jogo), *Raten* (prestações, pagamentos), *Heiraten* (casamentos, acasalamentos). Para Freud (1909b/1996, p. 188), no final das contas, o que se coloca é uma questão sobre sua própria existência como rato, por ver no animal uma "imagem viva de si mesmo".

No início de seu tratamento, o paciente relata a Freud o episódio da morte de seu pai, que ocorreu exatamente no momento em que ele havia deitado para descansar, enquanto o acompanhava por ocasião da doença no pulmão. Soube, pela enfermeira, que o pai o havia chamado, o que aumentou ainda mais sua recriminação: "passara a tratar a si próprio como criminoso" (FREUD, 1909b/1996, p. 156).

A estratégia obsessiva do Homem dos Ratos é a de golpear, no plano imaginário, o falo no Outro para curar-se da castração simbólica. Seria uma busca por localizar nos objetos o que falta, produzindo, assim, "ausência, depreciação, rejeição, recusa, do signo do desejo do Outro" (LACAN, 1960-61/1992, p. 245). Desse modo, o sujeito obsessivo atribui a seu desejo a marca da impossibilidade, pois, quanto mais tenta tamponá-lo, mais ele insiste. O obsessivo tenta fugir dos signos que indicam o desejo do Outro, pois se o Outro deseja é porque não é completo. Em sua fantasia, os objetos são colocados em certas equivalências eróticas, o que se torna evidente na erotização que faz do mundo, especialmente do mundo intelectual (LACAN, 1960-61/1992, p. 250). No caso do Homem dos Ratos, o rato foi o objeto erotizado. É o que faz com que esse sujeito inclua os ratos em sua economia, o que pode ser visto na associação que faz entre "tantos ratos, tantos florins" (LACAN, 1962-63/2005, p. 250). Essa ideia encontra uma notação que é o φ. Trata-se de uma unidade de medida que representa o modo como o sujeito busca acomodar os objetos de seu desejo no falo, o que está expresso na fórmula que evidencia o modo como o obsessivo fantasia, o que Lacan trabalha no Seminário 8, *A transferência*:

$$\not{A} \lozenge \varphi (a, a›, a››, a›'‚...)$$

Essa fórmula pode ser compreendida do seguinte modo: diante da castração do Outro, o sujeito oferece objetos marcados pela insígnia fálica para tentar completá-lo. A importância desse recurso aos objetos fálicos é tamanha na neurose obsessiva que Lacan evoca uma imagem para ressaltá-la. Trata-se da fábula da rã que queria ser tão grande quanto um boi: "*o miserável animal*, como sabem, *inchou tanto que estourou*" (LACAN, 1962-63/2005, p. 253). A fábula demonstra que, na experiência do obsessivo, há sempre "um certo receio de desinflar, relacionado com a inflação fálica" (LACAN, 1962-63/2005, p. 253).

Hans e a fantasia do desaparafusamento

Na fobia, também se verifica uma tentativa de se proteger da castração pela via da fantasia. O caso chave é o de Hans, "a primeira criança genial que inventou a análise com crianças" (MILLER, 2008, p. 81) – caso extensamente trabalhado por Lacan (1956-57/1995) em seu Seminário 4.

Ao indicar o caráter traumático da sexualidade, foi indicado o caso de Hans, esse menino de quatro anos às voltas com as questões relativas a seu faz-pipi (*Wiwimacher*), ao nascimento da irmãzinha Anna e ao desejo materno, sem encontrar em seu pai uma resposta que lhe permitisse lidar com tudo isso. Lacan (1956-57/1995, p. 390) fornece a seguinte explicação para o caso:

> Isso, que se deve ler Mãe mais Falo mais A, exposto para Anna designa o impasse a que Hans chegou. Ele não pode sair dele porque não há pai aí, não há nada aí para metaforizar suas relações com sua mãe. Em suma, não existe saída pelo lado da foice, do grande C do Complexo de Castração, não existe mais a possibilidade de uma mediação, isto é, de perder, e depois reencontrar seu pênis.

A fobia de cavalos entra para Hans como uma busca por solucionar esses enigmas, como um "equivalente da metáfora paterna" (LACAN, 1956-57/1995, p. 391). É curioso, nesse caso, o modo como a fantasia se apresenta a partir do que foi nomeado, em "A instância da letra no inconsciente", como "sua resolução curativa" (LACAN, 1957/1998, p. 524), o que ganhou o destaque de Miller (2008) ao reconhecer "A lógica do tratamento do pequeno Hans segundo Lacan".

Miller (2008) propõe que o caso do pequeno Hans demonstra a lógica da fantasia fundamental. Por isso, sugere lermos o caso Hans e o Seminário 4 juntamente com o Seminário 14. Também indica que é a partir do reconhecimento dessa lógica, em 1966, que Lacan pode formalizar o passe em 1967. Isso porque a lógica do tratamento refere-se ao fato de que, para um sujeito, há um número limitado de significantes que se permutam e, quando todas essas permutações forem realizadas, haverá um ponto de conclusão, uma "resolução curativa". Lacan (1957/1998, p. 524) afirma que "de sua resolução curativa revela-se a natureza da neurose: fóbica, histérica ou obsessiva, a neurose é uma questão que o ser coloca para o sujeito 'lá de onde ele estava antes que o sujeito viesse ao mundo'".

Na história do pequeno Hans, há, no início do caso, a irrupção do pênis real no jogo criança-mãe, mas, ao final, vê-se que "o pênis real consegue se alojar de uma maneira suficiente para que o pequeno Hans possa prosseguir sua vida sem angústia" (LACAN, 1956-57/1995, p. 283). Ele teme encontrar uma espécie de desejo que evidenciaria sua condição de sujeito, que precisa se representar na linguagem, mas que está submetido à falta significante. Lacan (1956-57, p. 253) pontua que "a fobia é construída à frente do ponto de angústia", o que implica reconhecer que Hans transforma a angústia em medo, e este é "aparentemente mais tranquilizador que a angústia". Nesse sentido, seria completamente equivocado considerarmos o "medo" como um perigo genital ou narcísico.

Miller (2008) indica que, no caso Hans, já há a localização de que, para que uma análise se conclua, é necessária a subjetivação do "não há relação sexual", ou seja, da ausência de uma proporção entre os sexos. Em Hans, seguimos suas permutações fantasísticas mesmo que não seja possível localizar ali uma travessia da fantasia. Nesse sentido, ele acredita que o caso do pequeno Hans poderia ser resumido como um processo de simbolização do falo imaginário ao falo simbólico. Para Miller (2008): "Parece-me que, na lógica do tratamento, deve-se situar esses fenômenos de redução simbólica, é uma coisa recorrente neste Seminário de Lacan, mesmo na fantasia apresentada por Freud".

A "resolução curativa" de Hans surge a partir do "desenvolvimento lúdico de suas fantasias e da redução ao imaginário dos elementos, uma vez fixados como significantes, que se vai constituir a relação fundamental que lhe permitirá assumir seu sexo" (LACAN, 1956-57/1995, p. 419). A "selva de fantasias" que aparece em Hans nas diversas apresentações fantasísticas do caso. Em sua cura, vemos como essa "selva" vai se reduzindo ao que está nomeado no Seminário 4 como "a fantasia terminal do desaparafusamento" (LACAN, 1956-57/1995, p. 419). Trata-se de uma fantasia que Hans constrói para dar conta de resolver seu problema com o uso do falo e com o desejo materno. Neste, é onde "se trocam as bases da criança para lhe dar um traseiro maior – e por quê? Para preencher este lugar que ele tornou muito mais manejável, esta banheira onde pode entrar o tema da queda para se dialetizar e ser evacuado, ocasionalmente" (LACAN, 1956-57/1995, p. 419).

O trabalho em torno do caso de Hans nos leva à seguinte indicação de Miller:

> Por que Lacan ordena a lógica do tratamento segundo a fantasia, por que apresentará a lógica do tratamento sob a forma de uma lógica da fantasia? É uma lógica da fantasia porque é preciso partir da fantasia para chegar à verdade que esta faz desconhecer – essa verdade do desejo chamada gozo da pulsão. (2011a, p. 377)[18]

A orientação lacaniana, como se pode ler nessa passagem de Miller (2011a), nos ensina que, para que haja uma conclusão da análise, é preciso que o sujeito possa ser confrontado com suas verdades, que se referem à ausência da relação entre os sexos. Para que seja possível extrair mais consequências dessa pontuação, será necessário explorar a construção de Lacan feita no Seminário *A lógica do fantasma*. Embora haja especificidades na fobia, na neurose obsessiva e na histeria, há um ponto comum em relação à fantasia: ele é sempre fálico por buscar reconciliar o sujeito com a falta, com a castração simbólica (ALVARENGA, 2002). Embora Lacan tenha apresentado desdobramentos da fórmula da fantasia fundamental em cada um desses tipos de neurose, permanece a fórmula $\$\lozenge a$ como matriz axiomática.

A "verdadeira" lógica da fantasia fundamental: alienação e separação

A lógica da fantasia fundamental a que Lacan se refere e que se pode encontrar desde Freud é a de funcionar como axioma – princípios gerais, com proposições irredutíveis e aos quais se reduzem todas as outras proposições que neles se apoiam necessariamente (MORA, 1991).

18. Tradução nossa do espanhol.

Para Lacan (1966-67/2024), essa é a função que se pode dar à fantasia na economia neurótica, considerando que seu arranjo pode ser emprestado do campo de delimitação do gozo perverso.

A fantasia fundamental se refere a uma "significação fechada" (LACAN, 1966-67/2024), absoluta, isolada, separada de tudo, tal como se vê na frase axiomática de "*bate-se numa criança*". Poderia haver complementos para essa afirmação, mas ela os dispensa por encerrar-se por si própria. Também não é possível deduzi-la, pois constitui um ponto mínimo em que não há mais o que dizer, tal como enunciam os pacientes de Freud (1919/2016) quando chegam nessa redução e revelam não saber mais o que falar sobre ela.

A falta de palavras não equivale a uma reticência do sujeito em dizer, mas sim a uma impossibilidade. Trata-se de um furo no saber, que no Seminário 14 é anunciado por Lacan (1966-67/2024) de modo axiomático, indicando que nenhum significante pode representar-se a si mesmo, ainda que esteja reduzido à sua forma mínima, que é a letra. Essa ideia está presente no paradoxo do barbeiro que Lacan retoma: se o barbeiro é aquele que faz a barba dos que não se barbeiam, quem barbeia o barbeiro? Miller (2011a) considera que esse Seminário 14 corresponde à metapsicologia de Freud, pois se ocupa das origens do sujeito.

Nele, Lacan tenta demonstrar como o sujeito nasce com uma qualidade de conjunto vazio e busca uma representação no campo do Outro. Essa representação deixa uma falta que o sujeito tenta complementar buscando um objeto no Outro. Nesse sentido, a operação de alienação no Outro, ao mesmo tempo que produz uma mortificação do sujeito pelo significante, deixa um resto vivo que é o objeto *a*, índice de sua separação. Esse *a* é o que Lacan nomeia como resultante de uma "operação de estrutura lógica": "o seio, o címbalo, o olhar, a voz, essas peças destacáveis e, contudo, fundamentalmente religadas ao corpo" (LACAN, 1966-67/2024, p. 15). Esses quatro são "substâncias episódicas" do objeto *a*, que se envolvem da pulsão "pela qual cada um se mira no coração e só chega lá com um tiro que erra o alvo" (LACAN, 1973a/2003, p. 314). O objeto *a* é um oco, uma hiância que esses objetos oral, anal, escópico e vocal visariam a preencher, funcionando como tampão (LACAN, 1962-63/2005). Estaria em jogo uma nova maneira de considerar os objetos e a pulsão, imprimindo uma aproximação entre eles.

A partir de Hegel,[19] em "Posição do inconsciente" Lacan (1960a/1998, p. 854) havia indicado "duas operações fundamentais em que convém formular a causação do sujeito. Operações que se ordenam por uma relação circular, mas, no entanto, não-recíproca". A primeira está referida ao significante e é uma operação própria do sujeito, ou seja, trata-se de uma alienação ao significante: "o registro do significante institui-se pelo fato de um significante representar um sujeito para outro significante" (LACAN, 1960a/1998, p. 854). Essa característica de representação é capital para o que se considera a alienação. Diz Lacan (1960a/1998, p. 855): "não é o fato de essa operação se iniciar no Outro que a faz qualificar de alienação. Que o Outro seja para o sujeito o lugar de sua causa significante, só faz explicar, aqui, a razão por que nenhum sujeito pode ser causa de si mesmo".

O Seminário 11 (LACAN, 1964/1998) esclarece que essa primeira operação de alienação diz respeito à entrada do homem na via da escravidão à linguagem e ao plano das representações. Trata-se de uma operação nos moldes de uma escolha forçada, do tipo "a bolsa ou a vida": "o que resta, de qualquer modo, fica desfalcado: será a vida sem a bolsa – e será também, por haver recusado a morte, uma vida algo incomodada pelo preço da liberdade" (LACAN, 1960b/1998, p. 855). Essa estrutura articula a bolsa e a vida, separando-as (MILLER, 2018a).

Quando se exige a escolha entre "a bolsa ou a vida", acredita-se que os termos são simétricos, mas, na realidade, não se tem uma eleição – propõe Miller (2018a). Pode-se ter uma, mas não as duas, e essa é a lógica dos significantes, já que entrar no discurso pressupõe uma perda: o S2 pode representar o conjunto de todos os significantes, menos um.

Tal esclarecimento se sustenta no recurso ao operador lógico que é o *vel* (*ou*), contido no símbolo da punção, pequeno losango que

19. No curso do Seminário 11, no desenvolvimento sobre a alienação, Miller chega a questionar se Lacan não estaria seguindo um caminho que denominou de "Lacan contra Hegel", já que a alienação de que fala Lacan "se distingue radicalmente da alienação de uma consciência-de-si". Embora Lacan concorde com essa ideia, ressalta que não se trata de um debate filosófico.

funciona como borda e está presente tanto no matema da fantasia $\$\Diamond a$ quanto no da pulsão $\$\Diamond D$. Lacan (1964/1998, p. 199) destaca, evocando sua "educação lógica", três usos do *vel*: o primeiro deles é o *vel* exaustivo, que se apresenta na afirmação "eu vou *ou* para lá *ou* para cá – se eu vou para lá, não vou para cá, tenho que escolher". O segundo se apresenta na ideia "vou para um lado *ou* para outro, tanto faz, dá na mesma" (LACAN, 1964/1998, p. 199, grifo nosso). Já o terceiro uso do *vel* inclui a noção de reunião e é o que se refere à alienação, na medida em que esta se refere a uma reunião lógica entre dois conjuntos.

A operação lógica de reunião difere da operação de adição. Servindo-se dos Círculos de Euler, Lacan (1964/1998) demonstra que se em um círculo há cinco objetos e no outro há também cinco, a adição dos dois conjuntos resultaria em dez objetos. Na operação de reunião, não se reduplicam os objetos que pertencem aos dois conjuntos. Nesse sentido, na hipótese de serem dois objetos, haveria, na reunião dos conjuntos, oito objetos. A reunião leva em conta, portanto, a interseção – ponto comum aos dois conjuntos. E, nesse sentido, pressupõe a existência de "um elemento que comporta que, qualquer que seja a escolha que se opere, há, por consequência, um *nem um, nem outro*" (LACAN, 1964/1998, p. 200). Trata-se, portanto, de reconhecer a existência de uma escolha que indica que se pretendemos guardar uma das partes, a outra desaparece, o que se faz a cada vez. É desse último *vel*, tão "particular", que se trata na operação de alienação e que indica "a suspensão do sujeito, sua vacilação, a queda do sentido" (LACAN, 1964/1998, p. 233).

Nessa operação, o significante passa a representar o sujeito para outro significante, o que indica que "a alienação é ligada de maneira essencial à função da dupla de significantes", S1 e S2 (LACAN, 1964/1998, p. 223). Por essa lógica, "no nível do outro significante, o sujeito se desvanece". Tem-se, portanto, um sentido a ser recebido ou a petrificação: "Escolhemos o ser, o sujeito desaparece, ele nos escapa, cai no não-senso que é, falando propriamente, o que constitui na realização do sujeito, o inconsciente" (LACAN, 1964/1998, p. 200).

Se a reunião (A U B) descreve a ligação do sujeito com o Outro, a interseção define o objeto *a*, que é considerado como uma parte privilegiada que joga como operador na alienação do sujeito ao campo do Outro (LACAN, 1966-67/2024). Na origem da alienação, encontra-se o *Vorstellungsreprasentanz*, traduzido como "representante da representação" (LACAN, 1964/1998, p. 206), que está na base do recalque, já que o componente afetivo da pulsão não se recalca. Ele demarca, portanto, um "primeiro acasalamento significante" (LACAN, 1964/1998, p. 207) que indica como o significante unário surge no campo do Outro. No que o sujeito passa a se representar como significante para outro significante, nesse primeiro acasalamento, produz-se um efeito de *afânise*,[20] donde essa divisão subjetiva se manifesta como *fading*, que, como dissemos anteriormente, é um termo da telecomunicação para demonstrar o efeito de desaparecimento do sujeito.

Nesse panorama, a operação de alienação se refere a uma escolha forçada onde se representa em uma alternativa que se solda por uma falta primordial (LACAN, 1966-67/2024). Nesse sentido, a verdade da alienação se revela na parte perdida, que representa o "eu não sou". Com isso, ao alienar-se ao campo do Outro, o sujeito não se torna o Outro. O que a alienação indica é a inscrição do sujeito no campo do Outro, a partir de sua interrogação sobre o ser.

Miller (2018b) pontua que a alienação expressa a seguinte abreviação da linguagem e do discurso: S1-S2. Esta é a definição de Outro para a psicanálise, o que preexiste à entrada do sujeito no mundo. Nesse panorama, o sujeito, em seu conjunto vazio, busca se localizar a partir de uma "mordida" sobre o Outro, ao chamado do significante unário (S1) que o atrai. Todavia, ele também demanda uma significação, que encontra na articulação entre o conjunto do S1 e do S2, responsável pelos efeitos de sentido. A essência da operação de alienação estaria, portanto, referida a esse cruzamento entre os dois conjuntos, o que coloca, de um lado, o ser e, de outro, o sentido. Seria uma maneira de ilustrar a inscrição do sujeito no lugar do Outro, o que equivale a dizer

20. Embora retire o termo "afânise" de Jones, seu uso é radicalmente diferente, já que, para Lacan (1964/1998, p. 197), "Jones, que a inventou, a tomou por algo bastante absurdo, o medo de ver desaparecer o desejo. Ora, a afânise deve ser situada de maneira mais radical nesse movimento de desaparecimento que qualifiquei de letal. De outro modo ainda, chamei esse movimento de *fading* do sujeito".

que: "se o sujeito retém o sentido contra o ser, é ao preço de perder o ser" (MILLER, 2018b, p. 267).[21] A eleição é forçada, já que se elege o sentido necessariamente. Desse modo, de um lado, tem-se o ser e, do outro, tem-se parte do sentido, um caroço. Entretanto, "toda operação que dê efeitos de sentido se paga, quer queira ou não, com um efeito de sem sentido" (MILLER, 2018b, p. 268). Por essa razão, o final de análise evidencia que essa parte de sem sentido é ineliminável.

A busca de inscrição do sujeito no campo do Outro comporta o encontro com um sem-sentido. A alienação visaria a levar o sujeito do ser ao sentido. No Seminário 14, Lacan (1966-67/2024) indica que a alienação do sujeito ao significante evidencia a disjunção entre o ser e o pensamento, pois onde se pensa não se é. E onde não se é, pensa-se. Valendo-se da teoria dos conjuntos e da afirmação freudiana "*Wo Es war, soll Ich werden*", isto é, "Lá onde Isso era, [eu] devo devir" – ou, conforme se encontra traduzido na *Edição Standard das Obras Completas de Sigmund Freud*, "onde estava o Id, ali estará o ego" (FREUD, 1932/1996, p. 84) –, Lacan marca como Freud ultrapassa a concepção cartesiana do "penso, logo sou", já que indica como o "eu penso" não passa de uma "vestimenta". No Seminário 6, já havia enunciado esse *cogito*: é no limite onde começa o inconsciente que o sujeito se perde (LACAN, 1958-59/2016, p. 405). Miller (2011a) indica que o Seminário sobre *A lógica do fantasma*, do início ao seu final, demonstra uma passagem que ocorre na análise: a de um sujeito que para *ser* rechaça o pensamento inconsciente, para um sujeito que admite o inconsciente ao preço de não se encontrar aí.

Em "O caramujo sintoma: função e limite da historicidade na clínica psicanalítica", Teixeira (2017) propõe uma leitura do esquema lacaniano do "Ou eu não penso, ou eu não sou" (LACAN, 1966-67/2024, p.122). Segundo Teixeira (2017, p. 5), isso quer dizer que a identidade do ser se esvai com o pensamento, ou seja, "é preciso não pensar para se assegurar da identidade do ser". Por essa perspectiva que

21. No original: "Si el sujeto retiene el sentido contra el ser, es al precio de perder el ser".

> o cogito lacaniano nos autoriza a conceber o sujeito, distintamente do que faz Descartes, como efeito de uma síntese disjuntiva entre ser e pensamento: ou não sou ou não penso. Seria, nesse sentido, equivocado supor que o sujeito busca espontaneamente o encadeamento significante do pensamento sobre o qual se constrói sua história clínica. A paixão primária é antes de tudo, como diz Lacan, a paixão da ignorância que se manifesta como recusa do pensamento: é ela que permite ao sujeito estabilizar-se em algum tipo de identificação. (TEIXEIRA, 2017, p. 5)

E é exatamente em função dessa paixão pela ignorância que se pode explicar "o êxito comercial das doutrinas que abordam o sofrimento mental como uma objetividade inerte, seja enquanto pretenso resultado de uma patologia orgânica, seja como resposta adaptativa mal programada" (TEIXEIRA, 2017, p. 5). O que essas doutrinas ofertam é a "escolha cômoda da alienação no 'eu sou', valendo-se de sua tendência espontânea de não pensar para se estabilizar no ser" (TEIXEIRA, 2017, p. 6). Diferente disso, a psicanálise não visa a sustentar o "eu sou", mas também não é uma paixão pelo pensamento. O *Witz* de Teixeira (2017, p. 6) elucida bem essa ideia: "não contamos sequer com o apoio das fábricas de divã". Mas como lidar com essa paixão pela ignorância?

> Assim como Freud ensina que não se pode saciar a fome pela leitura de um cardápio, Espinosa já há muito nos advertia que o puro entendimento intelectual não consegue suprimir o afeto (cf. Proposição 7 do livro IV de sua Ética); uma paixão ou afeto só pode ser suprimido, ou contrariado, por um afeto contrário mais forte do que o afeto a suprimir. Podemos daí dizer que a psicanálise, para vencer a paixão original da ignorância, necessita valer-se de outra paixão de sentido contrário, essa paixão a que damos o nome de amor de transferência, a qual permite ao sujeito comutar o vetor da ignorância do "eu sou" para o desejo de saber do "eu penso". (TEIXEIRA, 2017, p. 7)

Quando o sujeito tem sua identificação desestabilizada por um sintoma cujo sentido lhe parece poder ser decifrado, e quando encontra alguém para acolher sua palavra, pela via do amor transferencial, suporta o "eu penso".

A partir da suposição de saber que a transferência produz, é possível passar da "identificação alienante do 'Sou e não penso' à verdade do inconsciente como 'penso e não sou', conduzindo o sujeito a um lugar em que ele não encontra nenhuma identificação, nenhum título de pertencimento a uma comunidade determinada" (TEIXEIRA, 2017, p. 6).

A psicanálise leva em conta a operação de separação dessa identificação alienante. A forma lógica dessa operação modifica dialeticamente a alienação através do que se chama em lógica simbólica de interseção. Trata-se do que se produz a partir do encontro com a falta no Outro, o que coloca o sujeito diante da pergunta sobre o desejo do Outro. Lacan (1960a/1998) faz um trocadilho para dizer que se vai do *vel* ao *velle*, este último sendo o infinitivo presente do verbo *volo*, que significa "desejar" em latim. Ele também aponta para a etimologia do verbo separar – *se parere*, gerar a si mesmo. Há uma equivocidade no significante *separar*, que abrange o *se parer*, que indica vangloriar-se, gabar-se, e o *parer*, proteger, aparar, enfeitar, ornamentar (LACAN, 1960a/1998, p. 857). Tais acepções permitem delimitar essa operação do seguinte modo: "para se enfeitar com o significante sob o qual sucumbe, o sujeito ataca a cadeia, que reduzimos à conta exata de um binarismo, em seu ponto de intervalo" (LACAN, 1960a/1998, p. 858). É, portanto, pela função do objeto *a* que o sujeito se separa, deixando de estar ligado à vacilação do ser ao sentido (LACAN, 1960a/1998, p. 243).

Esse intervalo, "lugar assombrado pela metonímia" (LACAN, 1960a/1998, p. 203), aponta para o desejo. À falta encontrada no Outro, abre-se a pergunta sobre o desejo: "ele me diz isso, mas o que é que ele quer?" (LACAN, 1964/1998, p. 203). Pela separação, o sujeito encontra "o ponto fraco do casal primitivo da articulação significante, no que ela é de essência alienante" (LACAN, 1964/1998, p. 207). É, portanto, no intervalo entre S1 e S2 que "vige o desejo oferecido ao balizamento do sujeito na experiência do discurso do Outro, do primeiro Outro com o qual ele tem que lidar" (LACAN, 1964/1998, p. 207). Nesse panorama, é frente a esse ponto de desconhecido que constitui o desejo do Outro, "no que ele está para além ou para aquém" no que esse primeiro Outro diz, que esse ponto de falta constitui o desejo do sujeito. Como vimos anteriormente, essa dimensão aparece claramente no drama sobre o desejo que é Hamlet (LACAN, 1958-59/2016).

Miller (2018b) esclarece que a separação não concerne ao inconsciente como discurso do Outro, senão como desejo do Outro. Em outras palavras, na separação lida-se com o que no Outro não é significante. Essa falta no Outro seria, portanto, a falta de um significante no Outro. Assim, a operação lógica de separação consiste, para o sujeito confrontado com essa falta no Outro, numa tentativa de responder a ela, através do $, sujeito barrado. O sujeito recobre a falta no Outro com sua própria falta. A separação é, portanto, uma operação que demonstra uma posição em que o sujeito está separado da cadeia significante, ou seja, um sujeito separado do Outro como desejo e separado do Outro como discurso.

Ao se deparar com o enigma sobre o desejo do Outro, o sujeito se questiona: "pode ele me perder?". Essa pergunta é um recurso construído "contra a opacidade do que ele encontra no lugar do Outro como desejo" e, nesse sentido, "restitui o sujeito à opacidade do ser que lhe coube por seu advento de sujeito" (LACAN, 1960a/1998, p. 858). Trata-se de uma torção que é fundamental para a cura, pois "é essencial para integrar a fase de saída da transferência" (LACAN, 1964/1998, p. 207). É nessa perspectiva que Miller (2018b) considera que o passe conclusivo da análise supõe que se haja situado por qual via o sujeito do inconsciente encontra sua equivalência no desejo do Outro.

Isso ocorre porque "é na medida em que o sujeito vem representar sua parte e jogar a partida na separação que o significante binário, o *Vorstellungsreprasentantz* é *unterdruckt*, cai por baixo" (LACAN, 1964/1998, p. 208). Embora não diga claramente, Lacan oferece todos os elementos para supor que a interpretação analítica incide sobre esse vazio na articulação desse casal significante primário, o que a separação evidencia. A interpretação "tem por efeito fazer surgir um significante irredutível" (LACAN, 1964/1998, p. 237). Ela não é aberta a todos os sentidos e reverte a relação que faz com que o significante tenha por efeito, na linguagem, o significado. O essencial da interpretação é que o sujeito veja, para além da significação, "a qual significante – não senso, irredutível, traumático – ele está, como sujeito, assujeitado" (LACAN, 1964/1998, p. 237). A importância dessa interpretação deve-se ao fato de que o sujeito só se constitui pela queda desse significante primeiro, *Urverdrängung*. Pode-se considerar que a interpretação é essencial na construção da fantasia, que especificaremos a seguir. Laia (2019) aproxima a interpretação da operação de redução.

Em seu Seminário 11, ao demarcar que a análise não funciona como uma religião, que se sustenta na alienação ao sacramento, Lacan (1964/1998, p. 250-251) a aproxima de um "mais além da ciência", pois esta última "elide, elude, secciona um campo determinado da dialética da alienação do sujeito". Nesse sentido, a ciência se situaria no ponto da separação e o "corpo da ciência" seria equivalente ao objeto *a* (LACAN, 1964/1998, p. 251). A análise não é uma religião, pois ela se "engaja na falta central em que o sujeito se experimenta como desejo" (LACAN, 1964/1998, p. 251). Ela consiste numa aventura nessa "hiância aberta no centro da dialética do sujeito e do Outro" (LACAN, 1964/1998, p. 252). A análise não implica o reconhecimento da substância sobre a qual se opera, nem mesmo a sexualidade. Mesmo porque "a psicanálise só toca a sexualidade no que, na forma de pulsão, ela se manifesta no desfile do significante, onde se constitui a dialética do sujeito no duplo tempo da alienação e da separação" (LACAN, 1964/1998, p. 252). Nesse aspecto, o objeto *a* tem um estatuto especial no movimento da psicanálise.

Miller (2018b) extrai do Seminário 11 dois tipos de identificação: a identificação significante, que é a da idealização, e a identificação com o objeto *a*. A primeira delas refere-se ao Ideal do Eu e responde ao significante mestre. A segunda seria introduzida pela operação de separação e somente é localizada a partir de uma travessia do plano dos ideais. Essa torção trazida para expressar a alienação e a separação tem por objetivo nos conduzir a captar de que maneira o sujeito pode se reconhecer em outro lugar que não o do significante e recuperar o lugar que teve no desejo do Outro. Seria essa a construção que a análise buscaria, o que também aponta para a dimensão finita da análise. Assim, para ele, é porque há separação na análise que se pode considerar sua finitude. Nesse sentido, será importante nos determos no que seria, então, uma travessia do plano das identificações, que é o que ocorre a partir de uma operação de redução que se torna possível através das construções que se faz na análise.

Ao falar em alienação e separação, Lacan (1964/1998, p. 65) se dedica a pensar que a introdução da sexualidade é traumatizante, pois o encontro com o sexual é sempre "um mau encontro", já que, pela falta de proporção entre os sexos, deixa entrever a castração – que Freud (1937a/2017) indicou como o maior trauma vivido pelo ser humano. Ao tentar se defender da castração, que é essa falta do significante no campo do Outro, o neurótico procura se ver livre da pulsão pelo vazio central que ela revela. Nesse sentido, há um conflito subjetivo presente no modo como vive a pulsão, o que faz com que tente abafá-la através da tela que a fantasia propicia, construindo um mundo fictício em que é possível aos sujeitos domarem e controlarem suas pulsões. Isso porque há uma certa descontinuidade entre pulsão e fantasia, pois, embora a fantasia seja um desdobramento da pulsão, ela a curto-circuita, já que, diferente da pulsão que se satisfaz com o vazio, a fantasia se satisfaz com um semblante. E, com isso, o atravessamento da fantasia permitiria ao sujeito neurótico fazer valer a pulsão. Construção, redução e travessia são, portanto, os pilares da lógica da fantasia fundamental.

Toda a elaboração que Lacan se dedica a fazer sobre essas operações subjetivas, a da alienação e a da separação, explicitam a fantasia e sua lógica na medida em que ela se encontra tanto referida à alienação, considerando a dimensão do $, dividido pelo significante que encontra no campo do Outro por sua alienação, quanto ao objeto *a*, índice de sua separação. Desse modo, é possível acompanhar as elaborações de Miller ao considerar as duas lógicas da fantasia em Lacan. A primeira se referiria à fantasia como uma estrutura mínima e axiomática, referida à fantasia fundamental; já a segunda, que leva em conta as operações de alienação e separação, indicam o modo como o sujeito neurótico se serve da fantasia para lidar com o que resta impossível de ser representado no campo do significante. É por essa via que se localiza a ideia de que a fantasia é uma tela sobre o real, mas, ao mesmo tempo, uma janela que permite o acesso ao real.

Tela na janela

A fantasia na neurose se faz como "uma tela sobre a qual o sujeito é instituído" (LACAN, 1956-57/1995, p. 120), já que o real só é entrevisto quando há uma vacilação dessa máscara, que é a fantasia (LACAN, 1966-67/2024). Ao mesmo tempo, a fantasia constitui, "para cada um, sua janela para o real" (LACAN, 1967/2003, p. 259). No *Curso de Orientação Lacaniana*, Miller (2011b) desenvolve essas duas dimensões: a de "*écran au réel*" (tela no real) a escondê-lo; e a de "*fenêtre sur le réel*" (janela sobre o real), que permite um acesso enquadrado a ele. A partir dessas elaborações, Naveau (2011, p. 156) indica que a fantasia é "ao mesmo tempo uma tela que fecha ao sujeito o acesso ao real e, inversamente, uma janela que abre, para o sujeito, um ponto de vista sobre o real em questão".

Pensada como tela (*écran*), estaria a dimensão de "evitamento do real" fazendo-lhe barreira. Como janela (*fenêtre*), seria uma abertura que denota em si mesma a conexão entre o sujeito e o real, mesmo que através dos limites do enquadramento fantasístico.[22] Seria uma "função do real", função subjetivada e singularizada do real, ou seja, o real para cada um (MILLER, 2011b, p. 2, tradução nossa). De acordo com Miller (2012, p. 2),[23] dizer que "o real não tem sentido" equivale a dizer que ele não corresponde a nenhum "querer dizer". A doação de sentido que é dada ao real concerne a uma elucubração e, nesse sentido, a fantasia teria a função de uma elucubração sobre o real.

Em seu Seminário sobre *A angústia*, Lacan afirma que a fantasia funciona tal como um quadro que é colocado em um caixilho de uma

22. Jésus Santiago, em seminário "A lógica da fantasia e o '*sinthome* sexual'", ofertado em 2011 na Universidade Federal de Minas Gerais, traz um questionamento sobre a predominância da dimensão de tela no masculino (a histeria entraria deste lado) e da de janela no feminino, levando em conta as elaborações lacanianas sobre a sexuação (LACAN, 1972-73/1985), que Miller (2010b) circunscreve ao localizar os homens como aqueles sujeitos condenados à cautela por estarem sempre com medo de perder algo, e as mulheres como "amigas do real" em razão de sua maior permeabilidade à castração.

23. No original: "Lo real no tiene sentido, es equivalente a lo real no responde a ningún querer decir; se le da sentido, hay donación de sentido, a través de una elucubración fantasmática". Miller (2012) indica ainda que "Los testimonios del pase, esas joyas de nuestros congresos, son relatos de la elucubración fantasmática de uno".

janela. Segundo Lacan (1962-63/2005, p. 85), "seja qual for o encanto do que está pintado na tela, trata-se de não ver o que se vê pela janela. (...) a fantasia é enquadrada".

A referência a essa tela na janela se situa na pintura *A condição humana* (1934), de René Magritte, em que uma tela se interpõe sobre parte da janela, driblando o olhar quanto aos seus contornos. A tela revela a condição de representação a que se está submetido, ao mesmo tempo que demonstra a insuficiência dessa representação, já que a tela não obstrui toda a janela. Na pintura de Magritte, pode-se visualizar tanto a dimensão da tela quanto a da janela, o que fica nítido no modo como essas dimensões se conjugam na fresta que há entre a tela e a janela.

Essas duas dimensões presentes na tela de Magritte revelam como a fantasia tem uma função decisiva na vida do sujeito neurótico, pois ele se posiciona no mundo e guia suas ações através da maneira pela qual o enxerga. Nesse sentido, a fantasia fundamental, constituída a partir do Édipo, como sua cicatriz, transforma-se em um elemento estrutural que acaba por se emancipar do Édipo, subsistindo como um enunciado à parte de todo o conteúdo da neurose (MILLER, 2013a).

A fantasia, nesse sentido, emoldura a realidade, enquadrando-a e determinando a maneira de satisfação que se estabelece com os objetos de uma maneira estática (LACAN, 1962/1998, p. 786), ou, como propõe Miller (1996): "Quando o objeto *a* encontra seu lugar na fantasia, a fantasia toma para o sujeito o lugar do real. Não quer dizer com isso que se trata do real". Não é demais lembrar que real e realidade não se superpõem. A realidade é constituída da amarração entre os registros do real, do simbólico e do imaginário. A fantasia buscaria, então, um certo tamponamento desse real, fazendo-o enquadrar a realidade e tentando eliminar a ausência de sentido do real. A fantasia, portanto, toma lugar de real para o sujeito, escravizando-o a um modo de funcionamento padronizado ao lidar com isso que não cessa de não se escrever. Assim, a pergunta que se apresenta é: como uma análise pode operar com a fantasia?

CAPÍTULO III

A EXPERIÊNCIA DA FANTASIA FUNDAMENTAL SE TORNA A PULSÃO

A partir do percurso realizado, buscando delimitar a lógica da fantasia fundamental, foi necessário precisar que ela se constitui de uma dimensão imaginária, referida à "selva das fantasias", ou mesmo à cena na qual o sujeito neurótico se mantém fixado. Ela também se apresenta como um roteiro que tenta regular o desejo enquadrando-o na linguagem, o que se mostra na operação de alienação ao significante. Por outro lado, há sua dimensão real, desconectada do campo do sentido e mais ligada ao que Freud reconhecia no mecanismo perverso da fantasia neurótica, que resta como cicatriz do Édipo, marca que está mais referida à operação de separação, em que o ponto opaco do desejo do Outro se apresenta, exigindo a construção de um recurso para lidar com ele. Trata-se da fantasia fundamental e sua dimensão de janela ao real.

Diante da questão de saber como operar com a fantasia numa análise, a ideia de Lacan sobre a necessidade de um atravessamento da fantasia fundamental encontra-se no centro, o que não ocorre sem a construção e a redução dessa fantasia.

Construção e redução

Como já indicado, a fantasia funciona como uma regra no dizer do sujeito, tal como uma frase da qual partem todos os enunciados proferidos por ele. Essa frase, que reduz as fantasias no plural a *uma* fantasia – no singular – e sobre a qual não se tem muito a dizer, é sua vertente fundamental. Exatamente por tocar nesse ponto de limite em relação ao dizer, a fantasia fundamental não é encontrada, desvendada ou localizada nos confins do psiquismo. Não é o caso de procurar a fantasia no inconsciente, e sim construí-la a partir das peças soltas levadas à análise. Afinal, é apenas através de pedaços e fragmentos que o inconsciente se apresenta.

Construção é um termo eminentemente freudiano, como se vê em seu texto de 1937, "Construções na análise", e designa a operação que se pode fazer diante dos limites do dizer. Trata-se de um texto escrito após "A análise finita e a infinita", em que Freud (1937b/2017, p. 365) se dedica a responder à crítica de que a psicanálise teria sempre razão em suas interpretações: "se ele [o paciente] concorda conosco, estamos com razão; mas se ele nos contraria, então seria apenas um sinal de sua resistência e, portanto, também mostraria que temos razão". É com o intuito de explicitar o modo como o analista interpreta que Freud traz a ideia de "construção", que vai além da interpretação. Esta última se refere "àquilo que fazemos com um único elemento do material", a exemplo de um ato falho; já a construção acontece quando "apresentamos ao analisando um pedaço de sua história pregressa esquecida" (FREUD, 1937b/2017, p. 370). A interpretação "tem por efeito fazer surgir um significante irredutível" (LACAN, 1964/1998, p. 237) e, assim, estaria mais próxima da operação de redução.

Freud (1937b/2017, p. 366) considera que o objetivo do trabalho analítico é o de permitir a suspensão (*Aufhebung*) dos recalques e substituí-los por "reações que corresponderiam a um estado de maturidade psíquica". Isso se deve à ideia que ele tem do sintoma como "substituto do esquecido". Desse modo, o trabalho da análise buscaria uma retomada desses elementos esquecidos: "o que queremos é uma imagem dos anos de vida esquecidos do paciente, imagem que seja confiável e consistente em todas as partes essenciais" (FREUD, 1937b/2017, p. 366).

Enquanto o analisando tenta recordar, o analista teria a tarefa de "inferir o esquecido a partir dos sinais por ele deixados", ou seja, o analista "terá de *construir* o esquecido" (FREUD, 1937b/2017, p. 367). Escreve Freud (1937b/2017, p. 367): "Como, quando e com que explicações ele comunica as suas construções ao analisando é o que estabelecerá a ligação entre as duas partes do trabalho analítico, entre a sua parte e a do analisando". Nesse sentido, Freud (1937b/2017, p. 368) considera que há uma associação entre esse trabalho do analista e o do arqueólogo que reconstrói cidades antigas a partir de fragmentos: "ambos permanecem tendo o direito indiscutível de reconstrução através da complementação e junção dos restos conservados".

Considerar o analista como se fosse um arqueólogo solitário a trabalhar com seu objeto psíquico pode levar ao equívoco de tomar a construção como tarefa do analista. Miller (1988) ressalta que não é tarefa do analista construir ou apontar para o sujeito sua fantasia. Sabemos que isso manteria a análise como infinita e o analisando extremamente dependente de seu analista, uma vez que o saber estaria com o psicanalista e não com o sujeito. A construção em jogo na psicanálise de orientação lacaniana refere-se à ideia de que é função do analista autorizar simbolicamente ou não as construções feitas pelo analisando. Tarefa do analisando, ato do analista.

Freud (1937b/2017) faz uma demarcação importante entre a tarefa de construção na análise e na Arqueologia. Se, para a Arqueologia, "a reconstrução é o objetivo e o fim dos seus esforços", para a análise, "a construção constitui apenas um trabalho preliminar" (FREUD, 1937b/2017, p. 369). Isso ocorre porque a construção vai acontecendo ao longo da análise e interferindo no próprio processo. Sabemos que uma construção foi bem feita a partir da reação do analisando a essa construção. Nesses casos, o analisando pode responder com novas associações, lembranças ou até mesmo apresentando reação terapêutica negativa, "como consciência de culpa, necessidade masoquista de sofrimento, relutância contra a ajuda do analista" (FREUD, 1937b/2017, p. 375). Tais respostas podem ocorrer mesmo nos casos de uma "construção incorreta", já que pode acontecer justamente de se fisgar uma "carpa da verdade justamente com a isca da mentira" (FREUD, 1937b/2017, p. 371). Freud (1937b/2017) considera que uma construção é correta quando ela traz "uma aproximação da verdade" e o analisando reage a ela. Nos casos em que não há nenhuma mudança no analisando, é porque, segundo ele, a construção estava errada. Nesse sentido, "entendemos a construção individual como nada mais que uma suposição que aguarda a verificação, a comprovação ou o descarte" (FREUD, 1937b/2017, p. 375). Não é exigido que o paciente concorde e não há um debate sobre a construção. É preciso aguardar, pois, "ao longo dos acontecimentos, tudo será esclarecido" (FREUD, 1937b/2017, p. 375).

Freud (1937b/2017) faz uma associação entre a construção e o delírio, já que, também no delírio, coloca-se uma verdade histórica no lugar da parte perdida pela rejeição da realidade. Nesse sentido, fica evidente como há método na loucura e também na neurose. Supõe-se, portanto, embora Freud não diga dessa maneira, que a construção expressa a lógica de funcionamento do sujeito, ela enuncia o método da loucura de cada um. Se, a partir do texto de 1924 sobre a "Perda da realidade na neurose e na psicose", sabe-se que todos temos uma maneira de fugir da realidade, e que na neurose é a fantasia o que é colocado no lugar da realidade, fica claro que a construção a que Freud se refere é a da fantasia. Freud não fala em construção da fantasia no texto de 1937, mas nos dá elementos para fazê-lo.

No texto, o termo fantasia aparece uma única vez, quando ele diz de um tipo de reação à construção. Indica-se que, frente a algumas construções, alguns analisandos começavam a ter recordações ultranítidas e vivas sobre o conteúdo da construção: "isso acontecia tanto em sonhos diretamente após a comunicação como também em vigília, em estados semelhantes a uma fantasia" (FREUD, 1937b/2017, p. 376).

Pode-se considerar, portanto, a partir de uma leitura lacaniana desse texto de Freud, que a construção da fantasia permite um "trabalho preliminar" rumo a uma redução dessa construção a um ponto único e fundamental, axiomático. Redução a uma proposição irredutível e imodificável que revela a posição do sujeito no mundo. Para Lacan (1966-67/2024), a lógica da fantasia não poderia se articular sem a referência à escrita. Assim, há algo da dimensão da letra que se aponta nesse exercício de redução da fantasia. Essa operação permite colocar um limite na proliferação infinita de sons, sentidos e palavras que geram as associações, pois promove uma condensação dos elementos enumerados na narrativa levada pelo sujeito durante a análise. No texto "A lógica da fantasia", publicado nos *Outros escritos*, Lacan escreve que:

> A fantasia, para tomar as coisas no nível da interpretação, desempenha nisso a função de axioma, isto é, distingue-se das leis de dedução variáveis, que especificam em cada estrutura a redução dos sintomas, por figurar neles de um modo constante. O menor dos conjuntos, no sentido matemático do termo, ensina o bastante a esse respeito para que um analista, exercitando-se, encontre nele seu germe. (LACAN, 1966-67/2003, p. 327)

A análise realiza uma "operação-redução" – conceito que Miller (2015) elabora ao trabalhar sobre *O osso de uma análise*. A redução é o que se opõe à amplificação significante que se dá no plano do sentido. Nessa amplificação, interessa saber o que quer dizer aquilo que foi dito, o que amplia e pode trazer para a fala uma abundância de significantes. A redução não visa o significante, ela "dirige-se à sua versão pequeno *a*" (MILLER, 2015, p. 32). O bem-dizer analítico, segundo Miller, estaria referido à redução.

Esse termo "redução" é extraído do texto de Freud sobre "Os chistes e sua relação com o inconsciente", de 1905. Neste, a redução é tomada como um processo ao qual o chiste, *Witz*,[24] o dito espirituoso, deve ser submetido para que se possa fazer uma decomposição de seus elementos. Diz Freud (1905b/1996, p. 36-37): "Para descobrir a técnica desse chiste devemos submetê-lo ao processo de redução que elimina o chiste pela mudança do modo de expressão, apresentando, ao invés, o sentido original completo que decerto pode ser inferido de um bom chiste".

Embora tenha tomado de Freud o termo, Miller o subverte, já que nesse tipo de redução proposta por Freud cria-se um texto ainda mais longo do que o do chiste. E, para Miller (2015, p. 33): "a opera-

24. Pela edição das *Obras incompletas de Sigmund Freud*, sabe-se que *Witz* é uma das palavras de mais difícil tradução da língua alemã. Isso porque o termo comporta duas dimensões: uma relativa a seu uso mais cotidiano de "gracejo", "piada", e outro, mais erudito, que se refere a um "pensamento fulgurante, que no mesmo instante em que aparece, iluminando o que chamamos de real, desaparece" (FREUD, 1927/2015, p. 281). A edição opta por utilizar o chiste, tendo em vista que já é um termo consagrado no campo da psicanálise.

ção-redução seria, antes, a condensação de tudo isso com o bem-dizer, como o do chiste".[25] Nesse sentido, numa análise, trata-se de montar o *Witz*, e não de desmontá-lo. A operação-redução pode ser tomada em três momentos lógicos distintos: a repetição, a convergência e a evitação.

Através da associação livre, busca-se formalizar a repetição. Ele exemplifica com o caso fictício de Heitor, que lhe conta seu amor por Maria, a quem deixou por Ana, e também de seu amor por Ester. Embora cada uma das histórias seja diferente, há um ponto comum em todas elas: "o sujeito nunca está certo da fidelidade, e essa dúvida aparece sempre como determinante da sua escolha de objeto, de sua condição de amor" (MILLER, 2015, p. 35). Por mais que as mulheres sejam diferentes, ocupam a mesma função para o sujeito, ou seja, apresentam o mesmo traço. Essa função pode se expressar na fórmula: *f* (x). Seria essa redução, portanto, uma redução proposicional. Miller (2015, p. 36) ressalta que "faz parte da formação do analista saber operar essa redução proposicional, saber reduzi-la à constante, ou seja, captar o f em relação ao qual existem as variáveis". No caso de Heitor, o personagem original do qual derivam os outros é a mãe. Essa redução à constante é, nesse sentido, "a essência da construção da análise" (MILLER, 2015, p. 36).

A segunda redução é a da convergência. Como dissemos anteriormente, a construção permite chegar a um ponto reduzido, uma frase, que muitas vezes está referida a um enunciado ao qual todos os outros convergem. Tal enunciado pode ser o que foi ouvido pelo sujeito ao longo da vida ou algo que o analista disse. Trata-se de algo que tomou valor de oráculo, "seja porque dedicou toda a sua existência a verificá-la para torná-la verdadeira, seja porque o precipitou a desmenti-la" (MILLER, 2015, p. 37). Essa ideia é consoante com o que Lacan (1966-67/2003, p. 326) ressalta no texto "A lógica da fantasia": "uma fantasia é uma frase".

A terceira operação é a de evitação. Ela vem em oposição às duas primeiras, a de convergência e a de repetição, mas é possibilitada por elas. Após a formalização da repetição, ou seja, da manifestação de

25. Daí o passe ser comparado à estrutura do chiste, do *Witz*.

elementos que se repetem, está a convergência, elemento único que dá a lei e o princípio, frase que modula a escolha do sujeito. Em um terceiro movimento, está a evitação, que demonstra que há elementos que não aparecem; o que se repete é, portanto, a evitação. Miller extrai essas operações do texto "A carta roubada". Ele lembra que há, também na análise, a "repetição da ausência, da evitação, do contorno, que, para o sujeito, se constitui precisamente como uma pedra de tropeço" (MILLER, 2015, p. 53).

Se a repetição e a convergência se referem a uma redução simbólica, do discurso do paciente a formas simbólicas elementares, a evitação introduz uma redução ao real. A proposição "*bate-se numa criança*" evidencia uma redução simbólica, mas ela também demanda que haja um desinvestimento desse enunciado para que essa fantasia seja atravessada. Com isso, demanda uma redução ao real.

Para esclarecer o que ocorre nessa redução, Miller (2015) recorre à noção freudiana de *Besetzung*, investimento libidinal. Há um fator quantitativo em jogo na análise que indica "a quantidade de investimento libidinal que a estrutura de formação neurótica (...) é capaz de atrair". Entre esse investimento e a articulação significante que é o saber, há um hiato: "uma articulação é uma construção formal, ela não pode jamais, por si mesma, nos indicar o valor de gozo que o sujeito lhe atribui" (MILLER, 2015, p. 57). Nesse sentido, não há como calcular a quantidade de libido que está investida no significante, pois não há uma causalidade direta entre o significante e a libido. Uma fantasia histérica pode, por um tempo, ser tolerada e subsistir apartada do conteúdo da neurose, nas palavras de Freud (1919/2016). Entretanto, essa mesma fantasia pode ser perturbadora ao receber um sobreinvestimento (*Überbesetzung*) causado por uma "revolução da economia libidinal (*Umschwung*)" (MILLER, 2015, p. 58). Revolução esta que acontece de acordo com uma contingência, e não de acordo com a máquina significante.

Dessa forma, uma redução ao real requer uma redução desse fator quantitativo, ou seja, um desinvestimento dessas "articulações significantes patogênicas" (MILLER, 2015, p. 58). Miller considera que o ato analítico se escreve na margem entre a redução significante e a redução quantitativa, e é no ponto desse desinvestimento que se inscreve a passagem de psicanalisante a psicanalista. Para formalizar o ineditismo dessa passagem, Lacan inventou o dispositivo do passe, cuja definição é fornecida desta maneira pela Associação Mundial de Psicanálise:[26]

> Lacan designa *o passe* como o procedimento que vem autenticar o final de uma análise. (...) Para recolher o testemunho do final, Lacan concebeu um procedimento preciso, todo intricado, que ele detalhou na sua "Proposição de 9 de outubro de 1967". Assim, há um enodamento estrutural entre a Escola que faz a oferta desse procedimento e a escolha daquele que quer levar a demonstração do fim. Não existe obrigação de fazer o passe, mas há a possibilidade, para um analisante, de querer essa garantia da Escola. (...) Espera-se daquele que, ao sair do procedimento, for nomeado AE, que ele faça a demonstração da conclusão lógica de seu tratamento psicanalítico, mas também que ele testemunhe os problemas cruciais da psicanálise, tendo como perspectiva fazer-se responsável pelo progresso da Escola.

No livro *Aposta no passe* há diversos testemunhos de passe, dentre os quais o de Ana Lydia Santiago (2018), por exemplo, que transmite como foi necessário um desinvestimento libidinal na função escópica para que ela pudesse atravessar a posição fantasística da menina diante do olhar fascinado do pai.

Pensar em uma "redução ao real" requer considerar que se nessa operação trabalha-se com um desinvestimento de libido no significante, é porque existe uma conexão entre o significante e o gozo, o que o *sinthome* evidencia. Maria Josefina Sota Fuentes (2018), ao testemunhar sobre seu final de análise, demonstra essa associação entre o significante e o gozo no significante *pepa*, que condensava tanto seu nome próprio (Pepita) quanto a posição de lixo, já que havia escutado do avô que as *pepas*, que são os caroços em sua língua materna, serviam para serem jogadas no lixo. Para Miller (2015, p. 61), "a fantasia é o lugar, por

26. Ver em: https://www.association-mondiale-psychanalyse.org/pt/o-passe/.

excelência, onde se juntam o significante e o gozo". Isso porque ela une o imaginário, o simbólico e o real. Ela é uma representação, uma cena imaginária, é uma articulação significante que evidencia o sujeito do significante, e ainda "é completada por uma quantidade libidinal marcada pelo pequeno *a*" (MILLER, 2015, p. 61). Na fórmula $\$\Diamond a$, há dois termos heterogêneos que são o significante e o objeto *a*, este considerado "fator de gozo" (MILLER, 2015, p. 61).

Miller (2015, p. 62) ressalta em Lacan três momentos diferentes do osso do tratamento, ou seja, três modos de desinvestimento que coincidem com o modo como ele concebia a análise: "Inicialmente, a redução do imaginário, sob a forma de ultrapassagem do plano imaginário; a redução das identificações, especialmente da identificação fálica, concebida como uma queda; e, em terceiro lugar, a redução da fantasia, concebida como uma travessia".

A identificação fálica foi, segundo Miller (2015), um dos modos de Lacan tentar explicar o investimento libidinal de um significante. Ele considerava que o que atraía a libido estava relacionado ao falo imaginário, e, nesse sentido, a identificação fálica seria uma imagem significantizada que atrai um significante imaginário. Esse significante, que é o falo, é um significante que ganha valor porque se refere ao desejo do Outro: "ser o falo tem o valor de ser desejado pela mãe" (MILLER, 2015, p. 61). E é nesse ponto imaginário que o desinvestimento teria que incidir.

Ao considerar o falo como significante do gozo, Lacan também evidencia o quanto ele está investido desse fator quantitativo que atrai a libido, o que conduz o sujeito a se colocar sob sua primazia. Nessa perspectiva, um desinvestimento seria colocado em termos de uma queda da posição fálica, "uma identificação que deve cair" (MILLER, 2015, p. 62).

Se "a fantasia é o lugar, por excelência, do investimento", e "isso é o osso de um tratamento", é na travessia da fantasia fundamental que "se desenrola, na análise, o destino do desinvestimento, do qual depende o fim da análise como passe" (MILLER, 2015, p. 67). Pergunta-se, portanto: o que seria essa "travessia da fantasia", dita por Lacan poucas vezes, mas que se constituiu como referência na clínica a partir da ênfase dada por Miller?

Travessia

A travessia da fantasia fundamental, considerada como um desinvestimento libidinal que se aproximaria do que Miller (2015) trabalha como evitação, permite que o sujeito não esteja mais tão submetido ao rigor das imposições fantasísticas. É a partir de suas elaborações sobre a alienação e a separação, no Seminário 11, que Lacan (1964/1998, p. 258) indica a travessia da "fantasia radical". Nesse momento do ensino, era importante se manifestar a respeito da maneira padronizada com a qual se concluíam as análises didáticas a partir da identificação ao analista. Os tratamentos conduzidos na IPA se ocupavam, no final, do que nomeavam de "liquidação da transferência", o que intrigava Lacan (1964/1998, p. 253): "se a transferência é a atualização do inconsciente, será que quer dizer que a transferência poderia ser para liquidar o inconsciente ou será que é o sujeito suposto saber (...) que deveria ser liquidado como tal?". Ele indica como é curioso considerar que se liquidaria o sujeito suposto saber no final da análise justamente quando ele mais sabe sobre o paciente. Responde, então, que tal liquidação refere-se à "liquidação permanente dessa tapeação pela qual a transferência tende a se exercer no sentido do fechamento do inconsciente" (LACAN, 1964/1998, p. 253). Tapeação esta que consiste no mecanismo de que, numa relação narcísica com o analista, o sujeito tenta se fazer de objeto amável, o que Freud ensinou a tomar como resistência ao tratamento: "por sua referência àquele que deve amá-lo, ele tenta induzir o Outro numa relação de miragem na qual o convence de ser amável" (LACAN, 1964/1998, p. 253). Essa miragem refere-se ao que Freud elaborou no termo "identificação".

Lacan (1964/1998, p. 253) faz uma leitura do texto freudiano de 1920 extraindo a definição de que o ideal é "o de onde o sujeito se verá, como se diz, *como visto pelo outro* – o que lhe permitirá suportar-se numa situação dual para eles satisfatória do ponto de vista do amor". Essa dimensão amorosa presente na transferência seria uma "tapeação" e o que se liquida no final da análise. Tal tapeação se relaciona à alienação, mas coloca em cena o objeto *a*. O analisando diz a seu parceiro analista: "Eu te amo, mas, porque inexplicavelmente amo em ti algo que é mais do que tu – o objeto *a* minúsculo, eu te mutilo" (LACAN, 1964/1998, p. 254). Portanto, o analista ocupa uma função de objeto *a* na transferência, ele não entra com "sua pessoa", o que se encontra formalizado na teoria dos quatro discursos (LACAN, 1969-70/1992).

A partir de uma fábula de infância em que o mendigo se regala com a fumaça do assado na porta da churrascaria, tomando-a como menu, Lacan (1964/1998) esclarece o que se passa com a transferência na análise. Quando o sujeito vai falar com um analista, ele faz a este um pedido que ainda não sabe: "quaisquer" que sejam seus apetites, suas necessidades, nenhum encontrará satisfação ali, senão, no máximo, a de organizar seu menu" (LACAN, 1964/1998, p. 254).

A metáfora é de alguém diante de um menu escrito em chinês pedindo auxílio à garçonete com a tradução. Se for a primeira vez em um restaurante chinês e ela disser "patê imperial", ou "rolinho à primavera", essa tradução pode não fazer nenhum sentido. Assim, pode-se pedir a ela: "*aconselhe-me alguma coisa*, o que quer dizer – *o que eu desejo lá de dentro, você é que deve saber*" (LACAN, 1964/1998, p. 255). Ocorre, ainda, que se queira ir além desse menu e pedir algo mais para essa garçonete, tal como querer "bolinar os peitos dela". Nessa perspectiva, a de incluir na transferência a dimensão pulsional, Lacan (1964/1998, p. 255) propõe que a manobra da transferência consiste em conseguir

> que se mantenha a distância entre o ponto desde onde o sujeito se vê amável – e esse outro ponto em que o sujeito se vê causado como falta por *a*, e onde *a* vem arrolhar a hiância que constitui a divisão inaugural do sujeito.

O objeto *a*, nesse panorama, não tampona essa falta e sequer a "atravessa" – expressão de Lacan. O objeto *a* é, portanto, o que "resta atravessado na garganta do significante" (LACAN, 1964/1998, p. 255), e é nesse ponto de falta que o sujeito precisa se reconhecer.

Há, na transferência, uma "linha de travessia" que pode simbolizar a função da identificação. Isso ocorre porque o sujeito, ao se realizar em sua fala, institui-se no nível do Sujeito Suposto Saber. Nesse sentido, seria ingênuo para Lacan (1964/1998) definir o final de análise pela identificação ao analista. Uma passagem importante nos permite esclarecer esse ponto: "há um mais-além para essa identificação, e esse mais-além se define pela relação e pela distância do objeto *a* minúsculo ao I maiúsculo idealizante da identificação" (LACAN, 1964/1998, p. 257). A operação analítica se sustenta na distinção entre o I e o *a*, o que só se permitiu com o abandono da hipnose. Em outros termos, para que uma análise ocorra, o analista não pode se colocar nesse lugar de Ideal que ele é convocado a ocupar: "é dessa idealização que o analista tem que tombar para ser o suporte do *a* separador, na medida em que seu desejo lhe permite, numa hipótese às avessas, encarnar, ele, o hipnotizado" (LACAN, 1964/1998, p. 258).

Da distância entre o I e o *a*, é possível situar uma "travessia do plano da identificação", desse plano em que o sujeito tenta se fazer amado pelo Outro:

> Depois da distinção do sujeito em relação ao *a*, a experiência da fantasia fundamental se torna a pulsão. O que se torna então aquele sujeito que passou pela experiência dessa relação, opaca na origem à pulsão? Como um sujeito que atravessou a fantasia radical pode viver a pulsão? Isto é o mais-além da análise, e jamais foi abordado. Isto só é, até o presente, abordável, no nível do analista, na medida em que seria exigido dele ter precisamente atravessado em sua totalidade o ciclo da experiência analítica. (LACAN, 1964/1998, p. 258)

Nesse panorama, não se pode pensar em uma diferenciação entre a análise didática e a análise propriamente dita, já que "não há senão uma psicanálise, a psicanálise didática – o que quer dizer uma psicanálise que tenha fechado esse cerco até seu termo" (LACAN, 1964/1998, p. 258). E, além disso, Lacan (1964/1998, p. 258) faz uma afirmação curiosa na qual não se aprofunda e que coloca questões sobre a existência de um final de análise: "o cerco deve ser percorrido várias vezes". Isso porque, para dar conta do *durcharbeiten*, da necessidade de elaboração, "o cerco deve ser percorrido mais de uma vez" (LACAN, 1964/1998, p. 259). Não obstante a relevância de tal informação, Lacan (1964/1998) conclui que não tratará disso no Seminário em que se concentra nos conceitos fundamentais da psicanálise, pois isso introduziria novas dificuldades. De que se trata nessa repetição do cerco que se refere à travessia do plano das identificações? A fantasia deveria ser atravessada mais de uma vez? O que seria viver a pulsão?

Embora não responda a tais questões, Lacan deixa um "esquema" que funciona como guia da experiência e também de leitura:

> A transferência se exerce no sentido de reconduzir a demanda à identificação. É na medida em que o desejo do analista resta um *x*, tende para um sentido exatamente contrário à identificação, que a travessia do plano da identificação é possível, pelo intermédio da separação do sujeito na experiência. A experiência do sujeito é assim reconduzida ao plano onde se pode presentificar, da realidade do inconsciente, a pulsão. (LACAN, 1964/1998, p. 259)

Lacan (1964/1998, p. 260) lembra que o "desejo do analista não é um desejo puro. É um desejo de obter a diferença absoluta, aquela que intervém quando, confrontado com o significante primordial, o sujeito vem, pela primeira vez, à posição de se assujeitar a ele". Esse ponto é novamente indicado em sua "Proposição de 9 de outubro de 1967 sobre o psicanalista da Escola", momento em que pontua que "o término da psicanálise superfluamente chamada de didática é, com efeito, a passagem do psicanalisante a psicanalista" (LACAN, 1967/2003, p. 257). Dessa passagem, verifica-se que "o desejo do psicanalista é sua enunciação, a qual só pode operar se caso venha ali na posição do *x*" (LACAN, 1967/2003, p. 257). Nos testemunhos de passe, vemos que é esse o ponto que se busca transmitir.

Análise finita

Na "Proposição...", lemos que o final de análise acontece

> quando, havendo-se resolvido o desejo que sustentara em sua operação o psicanalisante, ele não mais tem vontade, no fim, de levantar sua opção, isto é, o resto que, como determinante de sua divisão, o faz decair de sua fantasia e o destitui como sujeito. (LACAN, 1967/2003, p. 257)

Essa destituição subjetiva é nomeada como um "*des-être*", que indica tanto um *des-ser* quanto um deserto. "Nessa reviravolta que o sujeito vê soçobrar a segurança que extraía da fantasia em que se constitui, para cada um, sua janela para o real, o que se percebe é que a apreensão do desejo não é outra senão a de um des-ser" (LACAN, 1967/2003, p. 259). Esse des-ser revela "o inessencial do sujeito suposto saber" e o sujeito passa a ser esse saber suposto: "que ele saiba do que eu não sabia do ser do desejo, do que acontece com ele, ao ter vindo ao ser do saber, e que se apague" (LACAN, 1967/2003, p. 259).

Para evidenciar o que acontece no final de análise, Lacan (1967/2003) evoca a expressão de São Tomás de Aquino *sicut palea*. Embora tivesse uma obra extensa e importante, a exemplo da *Suma Teológica* e da *Suma contra os Gentios*, São Tomás, ao final de sua vida, chegou a afirmar que essa obra não passava de um monte de palha: *sicut palea*.

Essa ideia sobre o final de análise implica em reconhecer que "o analista se autoriza de si mesmo" – o que é o princípio do dispositivo do passe. O analista não opera com as garantias que a Escola lhe oferece através de nomeações como as de Analista da Escola ou Analista Membro da Escola. "Autorizar-se não é auto-ri(tuali)zar-se" (LACAN, 1973a/2003, p. 312). Nessa perspectiva, o passe seria uma maneira de formalizar essa autorização: "um psicanalisante, para se fazer autorizar como analista da Escola, falará de sua análise, e o testemunho que eles poderão colher pelo vivido de seu próprio passado será daqueles que nenhum júri de aprovação jamais colhe" (LACAN, 1967/2003, p. 261).

Atravessar o plano das identificações implica em que é possível se sustentar no mundo a partir de si mesmo, sem ficar o tempo todo à espera do Outro. É se sustentar sem precisar se desculpar a todo momento, se explicar a todo momento ou reclamar de tudo. Essa ideia está presente em Miller (2011b), que extrai de Disraeli, primeiro-ministro do Reino Unido no século XIX, a seguinte frase: *never complain, never explain, never apologize* ("nunca reclame, nunca explique e nem se desculpe").

A travessia da fantasia corresponde a uma mudança no estatuto do Outro, que passa a não ser mais que um semblante. Isso porque, quando o sujeito consente com sua castração, com o furo estrutural no saber, o Outro perde sua consistência e há um "desvanecimento da demanda" (MILLER, 2011a, p. 22).

Santiago (2011, p. 1) nos alerta para o fato de que o termo travessia é utilizado porque, quando se atravessa, não se destrói o que foi atravessado – passa-se para além. Diz: "Atravessa-se, conservando-a. Atravessar a fantasia não é efetuar seu desaparecimento, é simplesmente conhecer sua estrutura lógica e poder operar um ligeiro deslocamento, isto é, mudar de posição subjetiva". Essa mudança refere-se a uma posição em que se esteja menos submetido ao rigor das imposições fantasísticas. Encontra-se essa dimensão em alguns testemunhos de passe, tal como o de Mauricio Tarrab (2006), quando este afirma: "o mel da fantasia torna-se então repugnante. Isso drena esse gozo, esvazia-o, deixa somente a significação, que então cai...".

O testemunho de Tarrab (2006) revela que foi preciso esse atravessamento para que pudesse lidar com o gozo de uma maneira diferente. Cosenza (2019) lembra que a fantasia é um programa de gozo fechado e que, para atravessá-lo, se faz importante uma leitura desse programa. Para Miller (2018a), se Lacan falou de atravessamento, e não de levantamento da fantasia, é porque não se trata de sua desaparição. Trata-se de se entrever o que está por trás, mas o divertido dessa travessia é que por trás não há nada. Nesse sentido, o final de análise consiste em "dar uma volta pelo lado do nada" (MILLER, 2018a, p. 16).[27]

Em Freud, a questão sobre o que ocorre no final de análise está presente desde o início. Na Carta 242, escrita a Fliess em 1900, ele já

27. No original: "una vuelta por el lado de la nada". Tradução nossa.

estava às voltas com a pergunta sobre o que coloca fim a uma análise. Freud (1900/2017) menciona o caso E., que considera haver concluído sua "carreira de paciente" com um jantar oferecido pelo psicanalista. Diz: "seu enigma está quase totalmente solucionado; sua saúde excelente, sua essência totalmente mudada; *dos sintomas permaneceu um resto*, no momento" (FREUD, 1900/2017, p. 48, grifo nosso). Freud acreditava que a vertente infinita da análise seria algo comum, relacionada com a transferência, e que essa conclusão assintótica da análise incomodaria mais aos "de fora" do que a ele próprio. Do ponto de vista da experiência, conclui: "espero que esse resto não prejudique o resultado prático" (FREUD, 1900/2017, p. 48).

No célebre texto sobre "A análise finita e a infinita", Freud (1937a/2017) afirma que "fim de análise" é um termo muito polissêmico. Na prática, o trabalho de análise termina quando paciente e analista não se encontram mais. Entretanto, para dizer que o trabalho foi completo, seria necessário que "o fato de o paciente não sofrer mais com os sintomas e ter superado suas angústias e inibições" (FREUD, 1937a/2017, p. 319), bem como

> O analista julgar que tantas coisas recalcadas se tornaram conscientes para o paciente, tantas coisas incompreensíveis foram esclarecidas, tantas resistências interiores foram vencidas que não se precisa temer a repetição dos processos patológicos a ele relacionados. (FREUD, 1937a/2017, p. 320)

Um outro sentido "muito mais ambicioso" para o fim da análise refere-se a que "o influenciamento do paciente foi levado a tal ponto que uma continuidade da análise não pode prometer nenhuma mudança" (FREUD, 1937a/2017, p. 320). Essa ideia ambiciosa de Freud lembra o relato de Marcus André Vieira (2018), quando este diz que, ao final, tornou-se analista de si mesmo, já que o analista não era mais necessário para realizar sua análise.

Em 1937, Freud possuía alguns "casos de sucesso" em que o distúrbio neurótico, que era proveniente de um trauma, pôde encontrar uma solução substitutiva. Entretanto, há aqueles nos quais "a força pulsional constitucional e a alteração desfavorável do Eu adquirida na luta defensiva" (FREUD, 1937a/2017, p. 321) prolongaram sua duração "até o inconclusível". Esses o levaram a se questionar sobre "quais obstáculos impedem a cura psicanalítica" (FREUD, 1937a/2017, p. 321). Um desses obstáculos se refere a pessoas que têm uma especial "viscosidade da libido": "elas não conseguem tomar a decisão de liberar os investimentos libidinais [*libidobesetzung*] de um objeto e transferi-los para outro" (FREUD, 1937a/2017, p. 347). No caso dessas pessoas, o tratamento será mais lento, o que nos remete à importância da operação de redução, ligada ao desinvestimento libidinal no significante.

Outros impasses que Freud aponta no tratamento e que "dão muito trabalho ao analista" (FREUD, 1937a/2017, p. 358) referem-se, nas mulheres, à inveja do pênis – "aspiração positiva por possuir um genital masculino" –, e, nos homens, à "aversão contra sua postura passiva ou feminina em relação a outro homem" (FREUD, 1937a/2017, p. 358). Ambos os temas concernem ao "comportamento diante da castração" (FREUD, 1937a/2017, p. 358). Frente a ele, não há como convencer uma mulher de desistir de sua demanda de pênis e nem mesmo encorajar um homem a enfrentar suas dificuldades com o feminino. Freud reconhecia, no comportamento frente à castração, um limite para análise:

> Muitas vezes, temos a impressão de que com o desejo de pênis e o protesto masculino tenhamos atravessado todas as camadas psicológicas e penetrado até o fundo e, assim, chegado ao fim de sua atividade. Imagino que isso deva ser assim, pois, para o psíquico, o biológico tem o papel de pano de fundo. (FREUD, 1937a/2017, p. 361)

Esses seriam os "fenômenos residuais, um resquício parcial" (FREUD, 1937a/2017, p. 331) que permaneceria com a análise mesmo que o analista tenha ofertado ao analisado "todo estímulo possível para que ele pudesse reexaminar e mudar sua postura" (FREUD, 1937a/2017, p. 361) frente à castração. É interessante observar que Freud se serve da expressão travessia nessa passagem. Ocorre, entretanto, que sua concepção sobre a castração não abandona o biológico. Considera-se que, ao elaborar a travessia da fantasia, Lacan estaria dando operatividade a esse limite encontrado por Freud, indo além dele. Isso porque ele não considerava o rochedo da castração como algo suportado no corpo. Em seu ensino, a castração se refere à impossibilidade de o significante fechar toda a significação. Como propõe Alvarenga (2002), a castração se refere à impossibilidade lógica de manter todos os significantes juntos.

Nesse sentido, é por reconhecer a presença dos restos sintomáticos como algo inerente ao próprio tratamento que Lacan pode ir além desse impasse. Podemos considerar que ele recupera a questão sobre o final de análise dando operatividade a isso que resta. Para Miller (2018a), ele aborda o final de análise a partir da fantasia, e não do sintoma. Entretanto, não se obterá nada do termo "travessia" se não se considerar o sintoma aí, esse "termo que não está dito" (MILLER, 2018a, p. 14).[28] Daí Miller nomear seu Seminário dado em 1982 como *Du symptôme au fantasme, et retour* ("Do sintoma à fantasia. E retorno"), pois seria essa a orientação da cura. Nesse panorama, como articular sintoma, fantasia e *sinthome*?

28. No original: "el término que no está dicho". Tradução nossa.

CAPÍTULO IV

MAIS ALÉM DA FANTASIA, UMA POÉTICA

Demonstrou-se, até aqui, como se trabalha com a fantasia na psicanálise, indicando sua construção, redução e travessia como operações lógicas que ocorrem ao longo de uma análise. Destacou-se a ideia de Lacan de que o final de análise consistiria em uma travessia do plano das identificações, ou seja, um atravessamento da fantasia fundamental.

Essa travessia não é, entretanto, suficiente, quando se consideram os restos sintomáticos. Com a conceitualização do *sinthome*, o final de análise é pensado a partir de uma identificação a ele, o que estaria para além da travessia da fantasia. Porém, o que seria essa identificação?

Sintoma e fantasia

A relação entre sintoma e fantasia está presente em Freud desde seus primeiros trabalhos, quando aponta que os sintomas dos neuróticos estariam referidos às suas fantasias sexuais. Em seu grafo do desejo, Lacan também os aproxima, indicando a fantasia entre o S(Ⱥ) e o s(A).

Nesse grafo, o sintoma é uma significação dada à demanda do Outro, enquanto a fantasia seria o gozo que lhe dá suporte, a partir da falha nessa significação. Nesse sentido, a fantasia se ofereceria como dimensão pulsional do sintoma, levando-se em conta que significação e gozo estão disjuntos nesse primeiro momento do ensino de Lacan (BARROS, 2005). É por essa razão que a fantasia é suporte do desejo, conforme indicado no Seminário 6.

Na mesma época em que ministrou, nos anos 80, seu seminário sobre sintoma e fantasia, Miller (1988) proferiu uma Conferência em Buenos Aires que foi traduzida como "Duas dimensões clínicas: sintoma e fantasia". Nela, dedica-se a uma rigorosa comparação entre sintoma e fantasia, estabelecendo diretrizes importantes para tomar cada um deles, sintetizadas a seguir:

Tabela 2

Sintoma e fantasia

Sintoma	Fantasia
Entrada	Saída
Fala-se para se lamentar dele	"Boca de siri", sem palavras
Desprazer Satisfação paradoxal	Prazer Máquina de transformar gozo em prazer: "a fantasia é uma máquina que se põe em ação quando se manifesta o desejo do Outro" (MILLER, 1988, p. 144) Consolo, recurso contra o sintoma
Sujeito mostra seu sintoma	Esconde e se envergonha de sua fantasia
É interpretado Porta um enigma	É construída Relação com a falta no campo significante
Pluralidade de manifestações no sintoma	Há uma monotonia na fantasia, pois os elementos se estruturam a partir de uma mesma lógica
É dinâmico	É estática
Há um tempo retroativo do sintoma	Diz-se de um instante da fantasia

Fonte: Elaborado pela Autora a partir de Miller (1988).

Diante dessa síntese, percebemos como, embora sejam distintos, sintoma e fantasia se articulam, o que torna importante perpassar algumas elaborações acerca do sintoma.

Sintoma: sentido e satisfação

Ao estudar "A concepção psicanalítica da perturbação psicogênica da visão", em 1910, Freud ainda não tinha publicado sua metapsicologia. Não obstante, temos, nesse texto, um estudo de grande relevância sobre a pulsão, o inconsciente, o recalque e uma definição de sintoma para a psicanálise. Ali, Freud se dedica a entender o funcionamento da cegueira histérica e conclui que ela ocorre como resultado de uma dissociação entre os processos conscientes e inconscientes no ato mesmo de ver, já que, conscientemente, esses sujeitos estão cegos, mas, no inconsciente, eles podem ver.

A precondição para a constituição dos sintomas na neurose é uma falha no recalque, definido nesse texto como "algo análogo a um julgamento condenatório nos domínios da lógica" (FREUD, 1910/1996, p. 199). Por se sentir ameaçado pelas exigências pulsionais, o eu tenta desviá-las através do recalque. Esse desvio, entretanto, forma substitutos perigosos para o recalcado e reações incômodas para o eu – estão aí as bases da formação de sintomas na neurose.

Freud (1910/1996) exemplifica essa formação através de uma modificação na função dos órgãos dos sentidos, tal como a boca e os olhos. Aquele órgão que servia normalmente à finalidade de perceber sensorialmente o mundo comporta-se como um genital. A boca serve para comer, mas também para beijar. O olho serve para perceber o mundo externo, mas também para desfrutar de seus encantos. Nesse sentido, quando a satisfação em ver se torna predominante e é sexualizada, o eu se recusa a ver qualquer outra coisa, na tentativa de fazer valer a força do recalque. Assim, na tentativa de suprimir a pulsão, haveria uma perturbação funcional nos órgãos.

Seis anos mais tarde, temos "O sentido dos sintomas" e, logo depois, "Os caminhos da formação dos sintomas", duas de suas "Conferências introdutórias sobre psicanálise", às quais Lacan (1975/1998) deu grande destaque em sua "Conferência em Genebra sobre o sintoma". Na primeira delas, há uma contextualização do tema que se refere à ideia de que os sintomas têm um sentido e estão relacionados com as experiências do paciente. Freud atribui tal descoberta a Breuer, entre 1880 e 1882, e também menciona Janet, para quem os sintomas eram a expressão de ideias inconscientes que dominavam os pacientes, bem como Leuret, que reconheceu, em 1834, a existência de um sentido no delírio. Sobre Janet, Freud faz a ressalva de que ele não sustentou o inconsciente como uma instância psíquica, restringindo-o a um modo de dizer.

Para o Freud de 1916, os sintomas seriam como os sonhos e os atos falhos, cujo sentido tem íntima conexão com a vida de quem os produz. Ele encontra na neurose obsessiva um exemplo desse sentido e afirma categoricamente: "na psicanálise, constatamos que é possível eliminar permanentemente esses estranhos sintomas obsessivos, assim como outras queixas". E indica que ele próprio logrou "repetidos êxitos nesse ponto" (FREUD, 1916a/1996, p. 268). Ali, ele não menciona a ideia de restos sintomáticos que ganhou celebridade no texto de 1937, "A análise finita e a infinita", mas que já se apresentava desde 1900, na carta que escreve a Fliess sobre o paciente que concluiu sua análise, dos sintomas permanecendo um resto.

Nessa Conferência de 1916, Freud dá dois exemplos de interpretações que levam em conta a vertente do sentido. O primeiro deles refere-se a "uma senhora de 30 anos" que mantinha um ritual de correr do seu quarto a outro, sentar-se à mesa e tocar uma campainha, chamando a empregada para lhe dar algum recado ou simplesmente dispensá-la, sem maiores informações. Trata-se de uma mulher cujo marido, com quem se casou dez anos antes do surgimento desse ritual, ficou impotente na noite de núpcias. Durante a noite, ele corria do quarto dele para o dela a fim de tentar mais uma vez, mas sem êxito. A lembrança de uma frase dita pelo marido parece explicar o sentido do sintoma: "eu devia sentir-me envergonhado perante a empregada, quando ela arrumar a cama" (FREUD, 1916a/1996, p. 269). No momento em que a diz, joga uma garrafa de tinta vermelha sobre o lençol, mas não no lugar exato. Com essa recordação, a paciente mostra a Freud que, a cada vez que chamava a empregada, dava a ver uma mancha que existia na toalha da mesa desse quarto para onde ia. O ato obsessivo, segundo Freud, era uma correção da cena. Como se o sintoma obsessivo dissesse que o homem não precisava se envergonhar de sua impotência perante a empregada. Seria como um sonho, que se satisfaz *a posteriori*, na época atual.

O outro exemplo é o de uma jovem que parava os relógios e agrupava vasos de flores em uma escrivaninha, verificando se tudo estava perfeito e em silêncio, por duas ou três horas antes de dormir. Há algo de típico no sintoma de promover rituais para conseguir dormir. Assim, Freud se questiona sobre a possibilidade de atribuir sentido a esses sintomas tão comuns. Daí conclui que "quanto mais individual for a forma dos sintomas, mais motivos teremos para esperar que seremos capazes de estabelecer essa conexão" de sentido do sintoma (FREUD, 1916a/1996, p. 277). Contudo, não é possível separar o que é típico do que é individual, já que, tal como no sonho, o substrato comum é "enriquecido por acréscimos que variam de indivíduo para indivíduo" (FREUD, 1916a/1996, p. 279).

Ao descrever o sentido do ritual de dormir da referida paciente, Freud indica que ele corresponde às fantasias sexuais reveladas pela interpretação. No ritual, entretanto, não se verifica "o resultado de uma única fantasia, mas de diversas, embora tivessem um ponto nodal em alguma parte" (FREUD, 1916a/1996, p. 276). Essa passagem é de grande relevância porque evidencia o modo como Freud reconhece a existência de uma lógica na fantasia, o que Lacan pôde desenvolver melhor com a ideia da fantasia fundamental. Também explicita o modo como os sintomas têm conexão com as fantasias e com a dimensão pulsional, o que vai além das questões edípicas.

No texto de 1916, fica claro que o sintoma apresenta ao mesmo tempo o desejo sexual e a defesa contra ele. Embora, nesse segundo exemplo, Freud tenha retomado as questões edípicas da paciente, buscando entender as imagens do vaso em relação ao corpo feminino e masculino, percebe-se que a dimensão pulsional ganha prevalência na explicação desse sintoma.

Tal dimensão também aparece na Conferência sobre a "Fixação em traumas", quando Freud (1916c/1996) relata que o sintoma emerge de processos interrompidos que foram perturbados, de alguma forma, e obrigados a permanecer inconscientes. Nesse sentido, a construção de um sintoma substitui algo que não ocorreu. Essa ideia é melhor articulada na Conferência "Os caminhos na formação dos sintomas", em que ele indica que "os sintomas neuróticos são resultado de um conflito, e que estes surgem em virtude de um novo método de satisfazer a libido"

(FREUD, 1916c/1996, p. 361). As duas forças, tanto a libido insatisfeita em busca de satisfação, quanto o recalque, se reconciliariam no sintoma.

"Atos prejudiciais", ou pelo menos "inúteis à vida da pessoa", os sintomas são "indesejados e causadores de desprazer ou sofrimento". Acarretam em um dispêndio mental que pode resultar em empobrecimento da energia mental disponível para a pessoa, com paralização de tarefas importantes de sua vida. Isso ocorre porque a libido insatisfeita, ao buscar outras vias de satisfação, acaba por regredir a objetos que já havia abandonado. Freud considera que, na perversão, não haveria nenhuma objeção a essa regressão da libido, o que levaria a uma satisfação real. Já na neurose, como o eu não concorda com essa regressão, acaba por produzir-se um conflito. A libido é "interceptada" e busca escapar em alguma direção que possa estar em conformidade com o princípio de prazer. Nesse sentido, há uma retirada de libido do eu com um deslocamento para épocas anteriores. Há, portanto, um investimento libidinal em ideias inconscientes através dos mecanismos de condensação e deslocamento.

Nessa perspectiva, "o sintoma emerge como um derivado múltiplas vezes distorcido da realização de desejo libidinal inconsciente, uma peça de ambiguidade engenhosamente escolhida, com dois significados em completa contradição mútua" (FREUD, 1916c/1996, p. 363). O sintoma promove, portanto, uma fixação a atividades e experiências da sexualidade infantil, nas tendências parciais e objetos abandonados da infância. Se a libido dos neuróticos está ligada às suas experiências sexuais infantis, o sintoma repete essa forma infantil de satisfação que fora deformada pela censura. No conflito, a censura se apresenta "via de regra transformada em uma sensação de sofrimento e mesclada com elementos provenientes da causa precipitadora da doença" (FREUD, 1916c/1996, p. 368). Ao mesmo tempo, o sintoma se constitui como um "retorno a um tipo de autoerotismo difuso" (FREUD, 1916c/1996, p. 368).

Freud (1917/1996) se dedica a pensar a relação entre o sintoma e a fantasia. Na Conferência em que a fantasia funciona como uma reserva natural, local onde tudo é preservado, Freud propõe que quando o paciente apresenta o material que o conduz dos sintomas às situações infantis de desejo, é possível se questionar se seriam realidade ou se não passam de fantasias. É daí que surge sua observação de que "as fantasias possuem realidade psíquica, em contraste com a realidade material, e gradualmente aprendemos a entender que, no mundo das neuroses, a realidade psíquica é a realidade decisiva" (FREUD, 1917/1996, p. 370).

A fantasia possui um importante papel na formação dos sintomas. Tal afirmação freudiana é justificada na ideia de que, ao se retirar para as fantasias, a libido encontra o caminho aberto para as fixações recalcadas. Trata-se de um processo dinâmico, mas, principalmente, econômico. E é nesse sentido que as fantasias, quando são muito investidas, passam a fazer uma pressão e exigir realização. A retração da libido para a fantasia é, então, "um estado intermediário no caminho da formação dos sintomas", especialmente na histeria. Freud (1917/1996) considera que, na neurose obsessiva, prevaleceria a força opositora à pulsão. Poder-se-ia pensar, a partir da afirmação freudiana, que, na histeria, a satisfação se desloca para a fantasia, enquanto na neurose obsessiva, a fantasia incidiria sobre a culpa de uma satisfação que já teria ocorrido?

Percebemos que, tanto na fantasia quanto no sintoma, a ideia de uma satisfação paradoxal se apresenta, tal como fica claro no texto de 1925 sobre inibição, sintoma e angústia. Nele, afirma que o eu "faz uma adaptação ao sintoma – essa peça do mundo interno que é estranha a ele" (FREUD, 1925a/1996, p. 101), e essa tentativa de incorporar o sintoma e se fixar a ele resulta em um "ganho secundário proveniente da doença". Por essa razão, mesmo que o eu também lute contra o sintoma, seu laço com ele não é fácil de afrouxar. Isso ocorre porque "é do próprio sintoma que provém o mal" (FREUD, 1925a/1996, p. 102), pois ele porta o derivativo do impulso recalcado, executando o papel desse impulso e exigindo satisfação. Nesse sentido, o sintoma obriga o eu "a dar o sinal de desprazer e a colocar-se em uma posição de defesa" (FREUD, 1925a/1996, p. 103).

Ler o sintoma

Como delimitar um sintoma a partir de todos os elementos que o caso apresenta? As queixas que o paciente leva no início do tratamento nem sempre correspondem ao sintoma do qual ele quer se tratar. E é de grande importância, na condução do tratamento, que o analista saiba ir além das queixas, buscando fazer uma leitura desse sintoma (MILLER, 2011c). Nosso desenvolvimento nos permite concluir que a indicação freudiana de que por trás do sintoma está a fantasia também evidencia o quanto a fantasia é o cerne da direção do tratamento. Nesse sentido, a leitura do sintoma, de alguma maneira, também toca na fantasia. Fuentes (2018) afirma, em seu testemunho de passe, que seu sintoma inicial, de uma posição melancólica na vida, estava ligado à dimensão fantasística de se fazer abandonar. Daí a relação entre sintoma e fantasma ser tão relevante na clínica.

Fazer a leitura do sintoma é fundamental, inclusive na psicanálise aplicada. Em nossa intervenção no campo da educação, percebemos, por exemplo, como é importante identificar, nas queixas de alunos, familiares e educadores sobre a educação, como há um modo de funcionamento institucional que é sintomático. Muitas vezes, as dificuldades se referem a um impasse dos sujeitos para se fazerem caber no sintoma de determinada instituição. Por isso, alguns alunos são considerados problemas em uma escola e não em outra. Nesse sentido, saber ler qual é o sintoma daquela escola é importante para que possamos nos orientar no direcionamento da intervenção.

Fazer essa leitura, entretanto, não é um exercício simples, tal como nos mostra o próprio Freud, em 1924, a partir do caso Hans. Poder-se-ia pensar que o sintoma de Hans era o medo de cavalos e que sua inibição seria uma imposição de não sair de casa para não se angustiar. É preciso ir além de fenômenos generalizados para delimitarmos o que seria o núcleo do sintoma de Hans em sua singularidade. Hans não tinha apenas medo de cavalos, ele temia ser *mordido* pelos cavalos, o que é muito mais específico. Para Freud (1924/1996), tal especificidade permite reconhecer o sentido desse sintoma, o que faz recorrendo ao Édipo. Hans, com seus quatro anos de idade, estava às voltas com um conflito relacionado ao pai: amava-o ternamente, mas também experimentava uma sensação de ciúme e hostilidade quando isso se relacionava com a mãe. Tal ambivalência se expressa na substituição que o menino produz entre o pai e o cavalo.

Hans havia visto um colega se ferir caindo de um cavalo. E, para Freud, o sintoma inclui não só o medo do pai, mas também o desejo de se livrar dele, como se ele quisesse que o mesmo que seu colega experimentou ocorresse a seu pai. A pulsão sádica dirigida ao pai sofre uma reversão a seu oposto:

> Em vez da agressividade por parte do paciente para com o pai, surgiu a agressividade (sob a forma de vingança) por parte do pai para com o paciente. Essas duas vertentes – a agressividade em relação ao pai e uma atitude passiva suave para com ele – formam um par de opostos. (FREUD, 1924/1996, p. 109)

A força motriz que está por trás dessa transformação refere-se, segundo Freud (1924/1996), ao temor de castração.

Na "Conferência em Genebra sobre o sintoma", (LACAN, 1975/1998) há uma leitura sobre Hans – caso que Lacan havia trabalhado extensamente em seu Seminário sobre *A relação de objeto* (1956-57/1995). A ideia de Freud, para o Lacan de 1975, é a de que:

> Os sintomas têm um sentido e que só se interpretam corretamente – corretamente querendo dizer que o sujeito deixa cair um pedaço dele – em função de suas primeiras experiências, isto é, na medida em que encontre o que hoje chamarei, por não poder dizer nada mais nem nada melhor, a realidade sexual. (LACAN, 1976/2003, p. 209)

Esse cavalo que vai e vem expressaria o enfrentamento que Hans precisa fazer para dar conta de realizar sua invenção com essa realidade sexual, "sem dúvida graças ao fato de que tem certo tipo de mãe e certo tipo de pai" (LACAN, 1976/2003). O fato de ter seu "*Wiwimacher* enganchado em algum lugar de seu baixo ventre", e o gozo que ele tem dele, "lhe é alheio a ponto de estar no princípio de sua fobia". Sua fobia evidencia que está amedrontado, por isso não sabe o que fazer, já que não encontrou essas respostas na relação do pai com a mãe: "Seu sintoma é a expressão, a significação dessa rejeição" (LACAN, 1976/2003). Desse modo, se a intervenção de Freud no caso Hans foi bem sucedida, é porque colocou a irmãzinha de Hans como "suporte desse pequeno pinto" (LACAN, 1976/2003).

Fica claro, portanto, que não desconsidera a dimensão de sentido que um sintoma porta, mas indica que é preciso ir além dela. Em Freud, a dimensão do sentido é muito importante. Miller (2011c) localiza, nesse ponto, a diferença freudiana entre o sintoma e a inibição. No sintoma, há um sentido, pois para que se constitua como tal, é preciso que possa ser interpretado. Já a inibição é a limitação de uma função e, assim, não possui um "senso de verdade", dispensa a interpretação. "Ler um sintoma vai na direção oposta, isto é, consiste em privar o sintoma de sentido" (MILLER, 2011c). Isso porque a leitura do sintoma visa a uma redução que coloca em evidência o choque do significante sobre o corpo.

Sintoma e verdade, irmã do gozo

Embora interesse, na clínica, privar o sintoma de sentido, dar lugar ao sentido que o sintoma tem para o próprio sujeito é o que diferencia a psicanálise de outras abordagens que se interessam por sua descrição objetiva. Isso porque não se analisa um sintoma apenas porque ele se apresenta como um disfuncionamento a partir de um ideal normativo. Não há, na psicanálise, uma lista de sintomas a serem localizados e tratados. Ao contrário, como nos indica Miller (2018a), a condição para que um sintoma seja analisável é a de que ele possua um sentido próprio para o sujeito. Isso ocorre, inclusive, na clínica com crianças, analisantes de plenos direitos. Entretanto, se os sintomas não colocam em jogo o que diz o sujeito e não fazem nenhum sentido para este, eles não podem ser analisáveis. É preciso, portanto, levar em conta qual a descrição subjetiva de determinado sintoma.

Aromi (2011, p. 363) esclarece que, "para que o sintoma se torne operativo, é preciso acreditar nele". E, para isso, é necessário que ele dure; ou seja, há uma temporalidade em jogo no sintoma. Também a transferência é importante, pois, como propõe Aromi (2011, p. 364): "por ocasião da lua de mel analítica, os sintomas podem agravar-se, uma vez que o analisante pode gozar do deciframento tanto quanto dos seus sintomas".

Em "A instância da letra no inconsciente", há a ideia de que "o sintoma é uma metáfora e o desejo é uma metonímia, mesmo que o homem zombe disso" (LACAN, 1957/1998, p. 532). Nesse texto, em que Lacan (1957/1998, p. 519) trata de delimitar suas elaborações sobre o significante, a metáfora é definida do seguinte modo: "é na substituição do significante pelo significante que se produz um efeito de significação que é de poesia ou de criação, ou, em outras palavras, do advento da significação em questão". Essa passagem nos parece interessante para especificar melhor de que significação se trata, como também para evidenciar como, já em 1957, aponta para algo da poética do sintoma. Ela também evidencia que o sintoma não se restringe a uma significação vinda do Outro (MILLER, 2018a), pois, ao destacar a dimensão metafórica do sintoma, Lacan indica que, nele, o sujeito se coloca em uma posição de decifrar um saber do Outro – saber que é definido, inicialmente, como articulação significante.

Um pouco mais adiante, em 1966 – época em que se dedica também a *A lógica do fantasma* –, em "Do sujeito enfim em questão", Lacan propõe que o sintoma porta uma verdade que perturba a boa ordem. Nesse escrito, ele considera a castração como "a chave desse viés radical do sujeito por onde se dá o advento do sujeito" (LACAN, 1966/1998, p. 236). Nessa perspectiva, toma o sintoma como algo que é interpretado na ordem do significante, e não do signo: "a fumaça que não existe sem fogo" (LACAN, 1966/1998, p. 235).

> O sintoma só é interpretado na ordem do significante. O significante só tem sentido por sua relação com outro significante. É nessa relação que reside a verdade do sintoma. O sintoma tinha um ar impreciso de representar alguma irrupção da verdade. A rigor, ele é verdade, por ser talhado na mesma madeira de que ela é feita, se afirmarmos materialisticamente que a verdade é aquilo que se instaura a partir da cadeia significante. (LACAN, 1966/1998, p. 235)

Ao trabalhar a noção de parceiro-sintoma, Miller (2008) busca fazer uma delimitação de como a palavra sintoma foi e é utilizada na psicanálise. Ele distingue, então, duas maneiras. Uma delas considera o sintoma como uma disfunção: "há sintoma quando algo não funciona como deveria" (MILLER, 2008, p. 23). A outra considera que o sintoma agrega algo à disfunção: "que neste fracasso do funcionamento se revela algo verdadeiro" (MILLER, 2008, p. 23).[29]

Sobre o tema da verdade, há o livro de Iannini (2012), *Estilo e verdade em Jacques Lacan*. Neste, o autor ressalta a importância do tema para a psicanálise, mesmo após Freud ter reconhecido a prevalência da realidade psíquica sobre a material. Ele localiza dois axiomas que sintetizam momentos distintos de Lacan sobre o tema: "(i) há verdade; (ii) não há verdade da verdade" (IANNINI, 2012, p. 19). Para Iannini, Lacan não apenas teorizou sobre essa dimensão de que não é possível dizer o verdadeiro do verdadeiro, como também formalizou logicamente essa ideia. Além disso, considera que Lacan praticou esse axioma cotidianamente tanto no exercício da clínica quanto no de "uma escrita obstinada em estabelecer protocolos exigentes de transitar entre estes limites tênues, de uma verdade que não se pode dizer, mas que nem por isso se cala" (IANNINI, 2012, p. 20). Nesse sentido, a prática lacaniana se constitui por um "estilo em que a lei formal de enunciação da verdade é o semi-dizer" (IANNINI, 2012, p. 20).

Ao se apresentar sob a forma de sintoma, a verdade perturba o saber, ou seja, a articulação significante. Mas o saber que está em jogo é um saber no real, e é isto que o sintoma perturba. É por isso que Miller (2011c) o considera "o que há de mais real na psicanálise". É porque o sintoma perturba a bela ordem que ele surge como algo a ser suprimido, retificado, e, nesse sentido, é possível entender o que Freud afirma sobre o sintoma como correlato do retorno do recalcado. Se o recalcado é a verdade, seu retorno se faz sob a forma de sintoma (MILLER, 2008).

Freud acreditava que uma vez interpretada a verdade do sintoma, este desaparecia. Entretanto, Freud também se depara com uma resistência à interpretação, o que o leva a delimitar diversos conceitos para dar conta disso, dentre eles o de reação terapêutica negativa, ma-

29. No original: "El síntoma designa una disfunción. Hay síntoma cuando algo no funciona como debería. Al mismo tiempo, la palavra sintoma agrega algo a la disfunción. Agrega que en este fracaso del funcionamiento se revela algo verdadeiro". Tradução nossa.

soquismo primordial, resistência do Isso, pulsão de morte (MILLER, 2011c), e pode-se incluir também sua ideia sobre os restos sintomáticos. Na clínica psicanalítica, "assistimos então à confrontação do sujeito com os restos sintomáticos" (MILLER, 2011c).

Para Miller (2008), a ideia de Freud sobre os restos sintomáticos convida Lacan a dar um passo que vai exatamente no sentido contrário do sintoma como verdade. Por essa perspectiva, é possível concluir que o sintoma não é uma disfunção, mas, ao contrário, um funcionamento. O sintoma não se opõe ao saber no real. Ao contrário, participa desse funcionamento e por isso é da mesma ordem que o real, constituindo-se como um aparato que restabelece esse funcionamento. Nessa perspectiva, o sintoma é um aparato de suplência que permite que o funcionamento siga seu curso.

Essa ideia é concernente ao que foi trabalhado sobre o texto de 1925 sobre inibição, sintoma e angústia, quando Freud aponta que o sujeito, no sintoma, continua gozando por outros meios. Portanto, em Freud também há a noção de que o sintoma é uma manutenção do gozo, e por isso é tão difícil para o sujeito abrir mão de seu sintoma. Miller (2008) propõe corrigir ou completar a afirmação lacaniana do sintoma como verdade, acrescentando que se trata do sintoma como gozo, lembrando que, na orientação lacaniana, a verdade é irmã do gozo – como se pode ler no Seminário 17 de Lacan.

Em seu Seminário sobre *A angústia*, ele havia dito que o sintoma não necessita de interpretação e não é endereçado ao Outro:

> Por natureza, o sintoma não é como o *acting out*, que pede a interpretação, pois – esquecemos disso em demasia – o que a análise descobre no sintoma é que ele não é um apelo ao Outro, não é aquilo que mostra ao Outro. O sintoma, por natureza, é gozo, não se esqueçam disso, gozo encoberto, sem dúvida, *untergebliene Befriedigung*, não precisa de vocês como o *acting out*, ele se basta. (...) Tal gozo pode traduzir-se num *Unlust* – para os que ainda não entenderam, esse termo alemão significa desprazer. (LACAN, 1962-63/2005, p. 140)

Nesse sentido, o sintoma não mais designa uma perturbação à ordem, mas uma maneira de gozar. Miller (2008) propõe, portanto, uma oposição entre o sintoma como verdade e o sintoma como gozo. O primeiro seria correlato a uma formação do inconsciente, o sintoma enquanto o que se interpreta. Estaria referido à ordem simbólica, já que seu efeito perturba e se opõe ao funcionamento do saber no real.

O sintoma como gozo, ou como letra de gozo, é um meio da pulsão que traduz sua exigência insaciável de satisfação. Seria correlata do que Lacan nomeou de vontade de gozo (MILLER, 2008, p. 29). É, portanto, essa vertente de gozo do sintoma, presente desde Freud, que leva Lacan à sua teorização sobre o *sinthome*. Nessa vertente do gozo, pode-se situar a fantasia lembrando a ideia proposta por Miller (1988) de que a fantasia é como uma máquina para domar o gozo. Nesse sentido, ela funcionaria como um recurso contra o sintoma.

Ao fazer um percurso sobre o sintoma como problema e o sintoma como solução, Sérgio Laia (2018a) considera que, em Freud, o sintoma é problema e, em Lacan, seria uma solução. A análise conduzida a partir da ideia freudiana levaria o sujeito a deixar de se escravizar ao sintoma, tornando-se senhor dele. Já a análise lacaniana levaria em conta a ideia de que o sintoma é um parceiro para lidar com os impasses do real: "identifica-se a seu sintoma sem transformar-se em seu senhor e sem permanecer como seu escravo" (LAIA, 2018a).

Sinthome

O termo *sinthome* aparece pela primeira vez na Conferência de 1975, sobre Joyce, no V Simpósio Internacional James Joyce:

> Referenciem-se pelo Bloch e von Wartburg, dicionário etimológico bem sólido, vocês lerão que o sintoma, de início, foi escrito como *sinthome*. *Joyce, o sinthome,* o *santhomem*, tem homofonia com a santidade pela qual, talvez algumas pessoas aqui se lembrem, fui televisionado. (LACAN, 1975-76/2007, p. 158)

Em "Televisão", já havia sido feita uma referência ao santo na crítica à IPA: se esta trabalhava tal como uma igreja, Lacan aproxima o analista do santo: "não se pode situá-lo melhor, objetivamente, senão pelo que antigamente se chamava de ser santo" (LACAN, 1973b/2003, p. 518). Isso porque o santo não é aquele que faz caridade, ele não dá a mínima para a recompensa que pode advir de sua ação. É, antes, aquele que se presta a bancar o dejeto (*déchet*), ele faz descaridade (*décharité*). E, "quanto mais somos santos, mais rimos, esse é meu princípio", diz Lacan (1973b/2003, p. 519).

López (2017), no texto "Do santo ao artista, a heresia de Joyce", traz o exemplo de São Francisco de Assis, alguém que para a sociedade europeia do século XIX, satisfeita com as ideias liberais, era desprezível, mas que se torna santo. São Francisco dispensa toda sua riqueza para viver como um mendigo italiano – um rebotalho que se torna santo. Se o analista está mais do lado do santo do que da Igreja, é porque ele não se importa com as identificações ou com os louros do que conseguirá com sua intervenção, ou seja, ele se situa como furo, objeto *a*. Nessa posição de abjeção, possibilita que o sujeito do inconsciente o tome como causa de seu desejo, o que é possível reconhecer no discurso do analista, formalizado alguns anos antes da referida conferência (LACAN, 1969-70/1992).

Joyce, em sua formação jesuíta, foi muito influenciado pela temática da santidade, especialmente São Tomás de Aquino – como Lacan dá a ver em sua referência à *sinthomasdaquin* no Seminário 23. São Tomás, frade católico dominicano do século XIII, nascido de uma família nobre, também muito questionou e rompeu com os valores materiais. Conhecido como o "Doutor Angélico", é um grande representante da filosofia medieval escolástica, aproximando fé e razão.

A aproximação do *santhomem* ao *sinthome* traz a Lacan a ideia de uma nomeação: "dou a Joyce, ao formular esse título 'Joyce, o sintoma', nada menos que seu nome próprio, aquele no qual acredito que ele se reconhecia na dimensão da nomeação" (LACAN, 1975-76/2007, p. 158). Considera que Joyce é esse *santhomem* porque, mesmo desabonado do inconsciente, com seu sintoma engancha algo do inconsciente de quem lê seus textos. Nesse sentido, reconhece na letra de Joyce (*letter*) a dimensão do lixo (*litter*). Daí nomeá-lo de "Joyce, o *sinthome*".

Essa noção lacaniana de que Joyce seria um *santhomem* incita Laurent (2017) a buscar qual teria sido a definição de santo usada por Lacan. Para tanto, no texto intitulado "Retrato de Joyce como Santo Homem", Laurent refere-se ao aforismo 300 do *Oráculo Manual e Arte de Prudência* (1947), do jesuíta Baltasar Gracián: "em resumo, ser santo, pois, é dizer tudo em uma só palavra" (LAURENT, 2017, p. 1).

Para Lacan (1975-76/2007), toda a fascinação que Joyce produz em seus leitores não tem a ver com o sentido. *Finnegans Wake*, por exemplo, se lê, mas não se compreende: "Se isso se lê, (...) é porque sentimos presente o gozo daquele que escreveu isso" (LACAN, 1975-76/2007, p. 161). O que fascina o leitor de Joyce é "essa gozação, por ser esse gozo a única coisa que, do seu texto, podemos pegar. Aí está o sintoma" (LACAN, 1975-76/2007, p. 163). Se Lacan (1975-76/2007, p. 163) diz "Joyce, o *sinthome*", é porque a relação deste com a linguagem é a de reduzi-la ao sintoma, sem com isso tornar o sintoma analisável: *je reste interdit*. E essa presença do gozo, para além do sentido, produz, na literatura, uma revolução, a tal ponto que ela não é mais o que era antes de Joyce.

A nomeação produzida pelo *sinthome* funcionaria como nó dos registros do real, simbólico e imaginário, e não estaria restrita, necessariamente, ao pai. Para não nos estendermos na tentativa de definição desses três registros, recorreremos à síntese feita por Milner (2006, p. 7) em seu primeiro capítulo de *Os nomes indistintos*, que condensa o essencial:

> Existem três suposições. A primeira, ou melhor, uma delas, pois já é demais por ordem nisso, por mais arbitrária que seja, é que *há*: proposição tética que só tem por conteúdo sua posição – um gesto de corte, sem o qual não há nada que exista. Chamaremos isso de real ou R. Outra suposição, dita simbólica ou S, é que *há alíngua*, suposição sem a qual nada e singularmente nenhuma suposição poderia ser dita. Uma outra suposição, enfim, é que há semelhante, na qual se institui tudo o que constitui laço: é o imaginário ou I.

Essa definição de Milner (2006) é muito precisa e nos permite compreender que R, S e I são registros distintos que não se sobrepõem, mas que necessitam estar articulados para que se possa pensar no enquadramento da realidade de um sujeito. No Seminário *R.S.I.*, Lacan pensava essa amarração em termos borromeanos. Ele extrai da topologia esse tipo de nó que consiste em três círculos que se unem de tal modo que o desenlace de um deles promove o desenlace de todos os outros. Não é nosso intuito aqui proceder ao exame pormenorizado dos nós e das modalidades de amarração. Entretanto, é importante indicar que é a partir da insuficiência do nó borromeano de três para explicar os vários tipos de enlaçamento possíveis que Lacan chega ao *sinthome*.

O pai é indicado como quarto elemento, "sem o qual nada é possível no nó do simbólico, do imaginário e do real" (LACAN, 1975-76/2007, p. 28). Entretanto, ao partir da ideia de que há versões do pai, *père-versions*, considera a existência de outras maneiras de enlaçamento entre os três registros que não passam, necessariamente, pelo pai, já que o pai do nome é diferente da nomeação do pai (LACAN, 1975-76/2007, p. 163), como, por exemplo, o que se vê em Joyce. Não há nomeação do pai, entretanto, há algo que faz as vezes desse nome, um *sinthome*.

A carência paterna de Joyce teria sido compensada "ao se pretender um nome" (LACAN, 1975-76/2007, p. 91). "A psicanálise, ao ser bem sucedida, prova que podemos prescindir do Nome-do-Pai. Podemos sobretudo prescindir com a condição de nos servirmos dele" (LACAN, 1975-76/2007, p. 132), o que é diferente da noção freudiana de que o inconsciente só se mantém na suposição do pai. Nessa nova concepção, é porque o pai pode ser prescindido que ele pode servir como *sinthome*, o que fica claro no testemunho de passe de Jésus Santiago (2018), quando ele expressa seu modo de lidar com o heroísmo.

Sintoma ou *sinthome*?

No Seminário 23, Lacan (1975-76/2007, p. 50) indica que "é sempre em três suportes, que nesse caso chamaremos de subjetivos, isto é, pessoais, que um quarto vai se apoiar". E esse quarto elo de ligação é o *sinthome*: "em suma, o pai é um sintoma, ou um *sinthome*, se quiserem" (LACAN, 1975-76/2007, p. 21). Os termos sintoma e *sinthome* são utilizados sem muita distinção, embora o *sinthome* ganhe estatuto de conceito. No início do Seminário 23, por exemplo, temos a seguinte explicação: "*sinthome* é uma maneira antiga de escrever o que posteriormente foi escrito sintoma" (LACAN, 1975-76/2007, p. 11). Retomando seu recente trabalho nos Estados Unidos, lembra que tal significante porta o termo *sin*, que significa pecado em inglês, o que está relacionado à falta primordial (*sin-t-home*). Trata-se de reconhecer que o *sinthome* porta a falta.

Schejtman (2011, p. 359) ressalta que "a noção de *sinthome* não se confunde com a vertente real do sintoma, nem com o que se torna produto exclusivo da psicanálise levada até seu fim". Isso seria um reducionismo realista e teleológico. E não convém desconsiderar que Lacan pensou o *sinthome* inicialmente através da psicose. Essa pontuação nos permite reconhecer o *sinthome* mesmo sem a travessia da fantasia. Nesse sentido, não se pode considerar que a amarração *sinthomática* se constrói apenas no final de análise. O autor demonstra as especificidades do *sinthome* na neurose e na psicose através de casos clínicos, desconstruindo o equívoco de que o *sinthome* somente existe na neurose ao final da análise.

Uma possível resposta para os questionamentos sobre como pensar o *sinthome* para além desse reducionismo encontra-se na observação de Schejtman (2011) de que, entre os capítulos V, "Joyce era louco?", e VI, "Joyce e as falas impostas", do Seminário 23, Lacan promove uma estabilização conceitual do *sinthome* como "reparação do lapso do enlaçamento" (SCHEJTMAN, 2011, p. 359). Com isso, o quarto nó seria uma reparação *sinthomática* da falha estrutural que indica que não há relação sexual (SCHEJTMAN, 2005, p. 126). Isso pode ser lido no Seminário 23, quando Lacan (1975-76/2007, p. 85) diz: "o que proponho aqui é considerar o caso de Joyce como respondendo a um modo de suprir um desenodamento do nó". A solução *sinthomática* se estabeleceria a partir do momento em que repararia a amarração no ponto onde ela falhou. Se essa reparação ocorre em outro ponto, ela faz sintoma. Se ocorre no mesmo ponto, trata-se de uma solução *sinthomática*.

Em Joyce, ser um artista que manteria a todos ocupados compensaria a demissão paterna; ou seja, ao pretender se fazer um nome, ele repararia a carência paterna. Essa demissão paterna, ou "*Verwerfung* de fato", faz com que o imaginário se solte, desprendendo-se da cadeia (SCHEJTMAN, 2005). Essa falha no nó é apontada em *Um retrato de um artista quando jovem*, livro de Joyce publicado em 1916:

> A propósito de Tennyson, de Byron, de coisas referentes a poetas, ele encontrou colegas para prendê-lo contra uma cerca de arame farpado e dar nele, James Joyce, uma surra. O colega que dirigia toda a aventura era um tal de Heron, termo que não é indiferente, posto que é o Heron.[30] Esse Heron, portanto, lhe bateu durante um certo tempo, ajudado por alguns outros colegas. Depois dessa aventura, Joyce se interroga sobre o que fez com que, passada a coisa, ele não guardasse rancor. (...) ele metaforiza sua relação com seu corpo. Constata que todo o negócio se esvaiu *como uma casca*, diz ele. (LACAN, 1975-76/2007, p. 145)

Quanto à interpenetração entre simbólico e real, pode ser localizada nas palavras impostas, que Lacan aponta estarem presentes na escrita de Joyce (SCHEJTMAN, 2005). A reparação que o *sinthome* de Joyce faz se apresenta no que Lacan denomina de "ego": o que consegue reter o imaginário, impedindo que se desprenda, mesmo que não seja um enodamento borromeano, já que real e simbólico continuam interpenetrados.

Dessa maneira, no "caso Joyce", torna-se possível entender a diferença entre o sintoma e o *sinthome* do seguinte modo: o sintoma estaria no nível da escritura da palavra que a cada vez se lhe impõe, e o *sinthome*, como reparação do erro, é o que o escritor chega a fazer com isso que se impõe, construindo um "ego" a partir de sua arte (SCHEJTMAN, 2005), ego este que Lacan nomeou "escabelo" – como um "pequeno banco para apoio dos pés" (HOUAISS, 2019).

30. Heron de Alexandria foi um matemático grego responsável por elaborar a fórmula que calcula a área de um triângulo em função da medida de seus três lados.

Sérgio Laia (2018d) explicita, em seu testemunho de passe "O furo que sopra", o que seria, em seu caso, esse escabelo: para tentar se distanciar do domínio materno, suprimiu o sobrenome materno da assinatura de seus textos, "o que não deixa de evocar a dimensão sacrificial e mesmo a doença" que marcou sua vida. Passou a adotar o sobrenome paterno, trabalhando arduamente para "conferir ao 'Laia' um lugar do qual esse nome próprio era literalmente destituído quando escutado apenas como um nome comum. Afinal, 'Laia' alude, coloquialmente, ao que é desprezível" (LAIA, 2019, p. 159). Afirma:

> No árduo trabalho de elevação do "Laia", não me entregava apenas a um destino sublimatório de dar ao objeto, segundo a formulação de Lacan, a dignidade da Coisa. Tratava-se, ainda, de me fazer um escabelo, essa espécie de escadinha que Lacan pôde encontrar associada à dimensão de sinthoma que a obra de Joyce teve para esse escritor. (LAIA, 2019, p. 159)

Nesse sentido, "a ausência de legado paterno" foi uma construção que se evidenciou na análise como um tamponamento, um falso furo.

> A meu modo, desnorteado, sem a genialidade de um Joyce e não tão esmagado pela carência paterna, eu trabalhava arduamente para me fazer um nome através do qual meu corpo, subindo no escabelo que eu procurava construir-me, poderia se elevar para responder ao que me dilacerava como "ausência de legado paterno". (LAIA, 2019, p. 159)

Seu testemunho transmite algo sobre a tentativa de reparação da insuficiência do Nome-do-Pai para lidar com o que ele nomeou de "domínio materno".

Schejtman (2005) demarca outra diferenciação relevante entre o sintoma e o *sinthome*: pela satisfação autoerótica, presente no sintoma, há um certo desenlace com o Outro; já no *sinthome*, haveria um re-enodamento do laço com o Outro.

Ao dizer que lemos Joyce pelo gozo que extraímos de seu texto, e não pelo sentido, Lacan (1975-76/2007) evidencia que o autor faz laço exatamente pelo que lhe há de mais singular, ou seja, seu modo de gozo. É porque esse laço que ele faz com a linguagem parte do gozo que ele é identificado – e ele próprio o faz – com o individual, a ponto da literatura não ser mais a mesma depois dele. Nesse sentido, ao mesmo tempo que é singular, o *sinthome* também tem caráter de permanência.[31]

***Sinthome*: verdade e satisfação**

Em "O Ser e o Um", Miller (2011a) indica que a fantasia também possui uma função nodal, já que enlaça o imaginário, o simbólico e o real. Ele se questiona se não seria um quarto elo em relação aos registros de R, S, I, já que mantém juntos dois elementos tão heterogêneos como a pulsão e a representação. Sendo um quarto elo, em que esse enodamento diferiria do *sinthome*? Naparstek (2018) também apresentou tal questionamento, indicando que tanto o enodamento da fantasia quanto o do *sinthome* apresentam uma estabilidade para o falasser. Entretanto, parece que a fantasia propõe um tamponamento da castração a partir da identificação a uma resposta que o sujeito constrói ao desejo do Outro com os significantes que encontra no Outro. Seria uma identificação a um significante que enquadra o gozo. Na fantasia, portanto, a elucubração de sentido que ele produz faz as vezes de real, ao mesmo tempo tamponando-o e permitindo que o sujeito o acesse através de suas frestas.

Na análise, trata-se de localizar o que faz nó para cada um, o que pode ser verificado em diversos testemunhos de passe. A fantasia, com a fixação de um gozo traumático ligado a ela, fixa o nó. Nesse sentido, após a travessia da fantasia e a separação desse gozo, o nó ganha outra flexibilidade.

31. Essa permanência se refere à noção de ex-sistência. Esta é indicada como referida ao real: "as três rodinhas participam do imaginário como consistência, do simbólico como furo, e do real como sendo ex-sistente" (LACAN, 1975-76/2007, p. 55). Esse nó produzido pelo *sinthome*, embora possa ser amassado ou tomar forma de um novelo, "mantém sua forma de nó e, ao mesmo tempo, sua ex-sistência" (LACAN, 1975-76/2007, p. 165).Desse modo, pela ex-sistência do *sinthome*, é possível explicar a permanência dessa solução.

Na amarração *sinthomática*, não há esse enquadramento da fantasia, já que o saber fazer com o gozo permite, inclusive, uma abertura para a contingência e, ao mesmo tempo, o laço social. É nesse sentido que se pode compreender a seguinte citação que extraímos de Miller (2008, p. 131): "penso que não se pode conceber o psicanalista de outra forma senão como um *sinthome*".

O *sinthome* denota uma "relação privilegiada" com o inconsciente, já que, para Lacan (1975-76/2007, p. 53), "é no *sinthome* que o inconsciente se enoda". Ele esclarece que, em Joyce, "é na medida em que o *sinthome* volta a se ligar ao inconsciente e o imaginário se liga ao real que lidamos com alguma coisa da qual surge o *sinthome*" (LACAN, 1975-76/2007, p. 54). Algumas páginas adiante, ele conclui que "o *sinthome* tem a ver com o real, o real do inconsciente, se o inconsciente for real" (LACAN, 1975-76/2007, p. 98).[32] Lacan se pergunta se o inconsciente é real ou imaginário, e acaba por indicar que o inconsciente faz parte "de um equívoco entre os dois" (LACAN, 1975-76/2007, p. 98).[33]

O real é "sempre um pedaço, um caroço"; o real "não é um nó, mas uma cadeia, tendo algumas propriedades" (LACAN, 1975-76/2007, p. 127). Ele não se liga a nada, mesmo que o pensamento possa até divagar em torno dele. Não seria também a elucubração da fantasia uma tentativa de bordejar esse real por meio de uma elucubração de saber pronta, enquadrada e fixa?

Para Lacan (1975-76/2007, p. 133), o real é o impossível porque "é sem lei" e "não tem ordem".[34] Exatamente por isso, para que o homem

32. Miller deu muita ênfase a essa ideia sobre o inconsciente real, em oposição ao inconsciente transferencial, produzido na análise. Essa noção reaparece no "Prefácio à edição inglesa do Seminário 11", de Lacan. Se há uma verdade em jogo no inconsciente, ela é fora do sentido ou da articulação. Daí Lacan ter cunhado a expressão "inconsciente real". Em Freud, o inconsciente se reduz a um saber que pode ser falado e interpretado, pois o considera como uma articulação. Seria esse o inconsciente transferencial. Nesse sentido, o que se tem na análise é a verdade mentirosa, que se refere à ficção que se realiza a cada vez e que Lacan nomeou de histoeria, termo que inclui tanto a histeria, em sua tentativa de responder ao desejo do Outro, quanto a história.

33. Indica-se o testemunho "O furo, em corpo, ainda...", de Sérgio Laia (2018c), em que ele explicita bem essa dimensão do *sinthome*.

34. Vê-se aqui uma mudança no pensamento de Lacan a esse respeito, considerando que, no Seminário 11, acreditava que o real é o que retorna sempre ao mesmo lugar (MILLER, 2012).

possa, *talvez*, "reencontrar alguma coisa que seja da ordem do real" (LACAN, 1975-76/2007, p. 120), é necessário se colocar no lugar de lixo, o que significa dispensar o sentido. Quanto mais tenta apreender o real pelo sentido, mais longe está dele. A assonância do lixo com a letra se coloca aí para Lacan, que passa a considerar Joyce e ele próprio heréticos nessa posição de objeto – heresia, aliás, tem assonância com "RSI", ou *heresie*, em francês.

> É um fato que Joyce faz uma escolha e, nisso, como eu, é um herético. É preciso escolher a via por onde tomar a verdade. Ainda mais porque a escolha, uma vez feita, não impede ninguém de submetê-la à confirmação, ou seja, de ser herético de uma boa maneira. A boa maneira é aquela que, por ter reconhecido a natureza do *sinthome*, não se priva de usar isso logicamente, isto é, de usar isso até atingir seu real, até se fartar. (LACAN, 1975-76/2007, p. 16)

Do grego, "*hairesis*" quer dizer "escolha". Pacomio e Mancuso (2002) indicam que se trata da acentuação de um aspecto particular da verdade à custa de um conjunto vinculado a outras verdades. No âmbito católico, seria a negação de verdades ensinadas pela Igreja. Para Lacoste (2004), o herege é aquela pessoa batizada que nega ou coloca em dúvida determinada "verdade da fé". Na história, os hereges, considerados pecadores e falsos mestres, foram perseguidos e condenados à morte. Pacomio e Mancuso (2002) lembram, entretanto, que, hoje, a atitude da Igreja com a heresia é diferente, pois tende a vê-la por um aspecto positivo de que esses aspectos parciais podem converter-se em um caminho para a verdade completa. Lacoste (2004) localiza, inclusive, a passagem bíblica de Coríntios 11:19, em que se afirma que "é preciso que haja *hairesis* no meio de vós", pois as cisões são necessárias para pôr os cristãos à prova. O II Concílio do Vaticano não emprega o termo "heresia", já que "não exclui da salvação nenhum homem de boa vontade", e considera que, atualmente, as tendências heréticas se exprimem na própria Igreja (LACOSTE, 2004).

Miller (2015) fez uma crítica ao modo como os analistas têm tomado o termo heresia como se fosse "um fenômeno de moda". Laia

(2019) comenta que isso explicaria o fato de que logo após fazer o "elogio dos heréticos", ele opta por "ser herético falando de 'ortodoxia'", o que seria, no sentido comum e generalizado, um sentido oposto ao da heresia.

O uso do termo heresia em Lacan indica a possibilidade de escolher a via por onde tomar a verdade, o que requer o reconhecimento de que é impossível dizer toda a verdade. Mas o que seria ser herético de uma boa maneira? Tavares (2010) define o *sinthome* como a heresia teórica de Lacan, pois considerá-lo implica ir além da doutrina do simbólico, já que "não há mais uma verdade a se revelar como conhecimento sobre o que fazer, mas um saber que só se desenvolve pelo fazer".

Nessa mesma direção, encontra-se o importante escrito "Prefácio à edição inglesa do Seminário 11", que é apontado por Miller (2018a) como a última lição do Seminário sobre *O sinthoma*. Nesse texto, Lacan (1976/2003, p. 567) propõe um deslocamento da dimensão da verdade para a da satisfação e inicia com a ideia de que temos a certeza de estar no inconsciente quando o espaço de um lapso "já não tem nenhum impacto de sentido (ou interpretação)". O testemunho de Sérgio Laia (2018b, p. 165) evidencia como, ao final de sua análise, "ao não dar mais ao furo que sopra qualquer alcance de sentido (ou interpretação)", ele passa a ter a certeza de que, "nunca como antes", mergulha "na dimensão real do inconsciente".

Há, portanto, uma disjunção entre a interpretação e o lapso e também uma aproximação da atenção à mentira, pois "basta prestar atenção para que se saia disso" (LACAN, 1976/2003, p. 567): "não há verdade que, ao passar pela atenção, não minta" (LACAN, 1976/2003, p. 567). Nesse sentido, "a miragem da verdade, da qual só se pode esperar a mentira (é a isso que se chama resistência, em termos polidos), não tem outro limite senão a satisfação que marca o fim de análise" (LACAN, 1976/2003, p. 568).

Em seu "Prefácio...", Lacan (1976/2003, p. 569) pontua que "dar essa satisfação [a do final de análise] é a urgência que a análise preside". Há uma urgência em jogo na análise, do início ao final, e Miller (2018b) dá grande destaque a esse elemento, chegando a dizer que a manutenção dessa urgência é o que faz alguém retornar à sessão analítica. Lembra que, no baixo latim, *urgens* quer dizer "que não sofre atraso" e, no latim clássico, indica "impelir, apressar". É "preciso fazer depressa" e, nesse sentido, há, na análise, algo que impele, já que "isso urge" (MILLER, 2018b, p. 109). Essa urgência "é o vetor, o que orienta todo o curso de uma análise", que vai do mal-estar, do desassossego e do desconforto ao testemunho de uma satisfação.

É interessante notar que essa urgência por satisfação é diferente da urgência subjetiva, a qual Lacan havia teorizado em 1966 no texto "Do sujeito enfim em questão", tomando-a como um instante traumático em que a cadeia significante se rompe na vida do sujeito (SEYNHAEVE, 2019). Diante da urgência subjetiva, o sujeito faria um apelo ao Outro para que uma articulação significante se construa em relação ao saber, liberando a verdade presente no sintoma – este último considerado como "o retorno da verdade como tal na falha de um saber" (LACAN, 1966/1998, p. 234). Nessa perspectiva, o psicanalista seria convidado a responder pelos casos de urgência subjetiva.

Reconhecer a urgência por satisfação presente na análise aponta para uma dimensão que vai além dessa urgência subjetiva. Muitas vezes, na clínica psicanalítica, os pacientes buscam seus analistas para tratar de uma questão urgente que está relacionada ao próprio desenvolvimento de suas análises, tal como um sonho que, embora corriqueiro e "tranquilo", faz urgir a necessidade de uma nova sessão.

Para Miller (2015), quando se demanda uma análise, se está fazendo um pedido de urgência que se refere a um ponto de partida anterior ao estabelecimento da transferência, pois se trata de uma modalidade temporal que responde à inserção de um traumatismo. Esse sujeito demandante da análise faz um pedido de parceria com a urgência para que ele possa produzir uma superação na palavra.

A novidade que Lacan nos apresenta em 1976 é que se o saber se refere a uma verdade mentirosa, o analista não responde à urgência e, sim, faz par com ela. Seynhaeve (2019) lembra que satisfação, do latim, *satis*, quer dizer "suficiente", o que se declina de duas maneiras: a de que a análise chega até o ponto em que é o suficiente para o sujeito, mas também a de que o suficiente tem a ver com um *saber fazer com* seu real, com o gozo reabsorvível. É, portanto, no sentido dessa suficiência que é possível concluir, com o Lacan de 1976, que há fim de análise quando há satisfação, já que "dar essa satisfação é a urgência que a análise preside" (LACAN, 1976/2003, p. 569). E não é incomum escutar, nos relatos de passe, um instante de satisfação que o atravessamento da fantasia produz.

Entretanto, esses testemunhos explicitam como tal travessia não é suficiente para que o sujeito possa lidar com os restos sintomáticos que se mantêm após esse momento. No testemunho de Mauricio Tarrab (2006), "E o sopro torna-se signo", esses restos se apresentam de modo bastante nítido. A construção da fantasia de ser o sopro que faltava ao pai tem sua localização a partir da lembrança infantil de que seu pai soprava uma bola de futebol para se curar de um problema pulmonar que o deixou a ponto de morrer. Atravessar a fantasia, no caso dele, foi a possibilidade de se relacionar com o Outro de modo diferente, já que localiza sua posição de querer sempre inflar o Outro. Ele localiza, no testemunho "La identificacion no es el destino", que por trás da tela iluminada da fantasia se abria um desfiladeiro entre o abismo de sua desidentificação à posição que tinha na vida, consequência do atravessamento do "sou isso", e a evidência da inexistência do Outro.

Alguns anos após finalizar a análise, Tarrab veria novamente seu analista em um Congresso. Nesse momento, tem um episódio de sufocamento em que fica sem ar e sem conseguir respirar, ainda que abra as janelas. A angústia que o episódio desperta o faz procurar seu analista novamente com certa indignação: "Isto não vai terminar nunca?". Na sala de espera, pode tirar a seguinte conclusão:

> se *sufoco, então o ar pode me faltar, e isso é estar fora do regime de ser o alento do Outro.*
>
> O analista concorda e pergunta: *e então... que mais?* Despedimo-nos rindo. Não seria um chiste se esse episódio tivesse se repetido, ou se o analista tivesse voltado a marcar um encontro. Não seria chistoso vir a dar testemunho de que agora já não sopro, porém me sufoco. Não se trata disso. Trata-se do que resta, do reverso da trama: um intervalo na respiração, uma pausa, um silêncio, uma inspiração. Um *não* se

> precipitar a preencher o buraco que é o Outro. Isso deixa aberta outra relação com a contingência. (TARRAB, 2006, p. 137)

A angústia que se apresentou no encontro com o analista o permitiu dar lugar a uma identificação que é diferente da identificação ao pai, sem ar. Trata-se da identificação aos restos sintomáticos liberados pela análise, o que se apresenta como um modo mais "desprendido" do Outro, ao mesmo tempo que "ligado". Essa nova identificação lhe permite nomear seu saber fazer com o gozo.

Sinthome e "Φantasia"

Savoir-faire da fantasia e *savoir-y-faire* do *sinthome*

Lacan traz a expressão "identificação ao *sinthome*" como uma questão em seu Seminário 24, *L'insu que sait de l'une-bévue s'aille à mourre*. Neste, ele indica que "a identificação é o que se cristaliza em uma identidade" e lembra, a partir de sua leitura freudiana, que há três tipos de identificação: 1) o amor, que é uma identificação com o pai; 2) a identificação histérica, feita de participação, e 3) a identificação com o traço unário. Nesse panorama, questiona-se sobre o que se identifica ao final de uma análise. É importante destacar que Lacan faz duras críticas à ideia preconizada pela IPA de que seria necessário ao paciente se identificar a seu analista. A questão é:

> A que alguém se identifica, pois, ao final da análise? Se identificaria a seu inconsciente? (...) Em que consiste esta demarcação que é a análise? Isso seria ou não se identificar tomando suas garantias de uma espécie de distância a seu sintoma, *sinthome*? Conhecer seu sintoma quer dizer saber fazer com, saber desembrulhá-lo, manipulá-lo. O que o homem sabe fazer com sua imagem corresponde, de algum modo a isto, e permite imaginar a maneira na qual se desenvolve com o sintoma. (LACAN, 1976-77)

Nos testemunhos de passe, fica claro como a identificação de que se trata no final de análise proposto por Lacan é a do *sinthome*, pela via do *savoir-y-faire*. Trata-se de uma identificação com isso que não desaparece e resta como irredutível do gozo. Ao mesmo tempo que se identifica ao *sinthome*, toma-se uma distância do sintoma. É, portanto, através de um saber pragmático adquirido na análise que vai se tornar possível ao falasser se virar com o que antes estava emaranhado na relação com o inconsciente e com o corpo (SANTIAGO, 2011).[35]

O atravessamento da fantasia promove uma abertura ao campo pulsional e uma travessia do plano das identificações, como indicado no Seminário 11. Ao trabalharmos o conceito de *sinthome*, parece evidente que essa abertura ao campo pulsional exige uma nova identificação que inclua o real. Ou seja, atravessam-se as identificações idealizadas, mas necessita-se de uma identificação que permita saber fazer com o gozo, o corpo e a imagem. Nesse sentido, do ponto de vista teórico, a afirmação de Miller (2014a) de que há um "balé" entre a pulsão e a fantasia no conceito de *sinthome* é bastante esclarecedora dessa identificação que se refere a uma invenção.

Lacan (1975-76/2007, p. 114) propõe que no *sinthome*, que não é interpretável, há o *savoir-faire*. Joyce, por exemplo, "não sabia que ele fazia o *sinthome*". Lacan (1975-76/2007, p. 114) acredita que ele é "um puro artífice, um homem de *savoir-faire*, o que é igualmente chamado de um artista". E, nesse sentido, "só se é responsável na medida de seu *savoir-faire*" (LACAN, 1975-76/2007, p. 59). O *savoir-faire* é definido como "a arte, o artifício, o que dá a arte da qual se é capaz um valor notável porque não há Outro do Outro para operar o juízo final" (LACAN, 1975-76/2007, p. 58). O *savoir-faire* inclui o artifício que é o pensamento e, ao mesmo tempo, o real.

É no Seminário 24 que Lacan inclui a letra "*y*" ao *savoir-faire*. Miller (2000) marca uma diferença entre um *savoir-faire* e um *savoir-y-faire*. Este último, o saber fazer aí, "ocorre quando a coisa em questão

35. A esse respeito, as elaborações de Santiago (2019) no texto "O novo imaginário é o corpo" demarcam como o imaginário se configura como uma tentativa de bordejar as questões referentes ao modo como se experimenta o corpo.

escapa, quando conserva sempre algo de imprevisível" (MILLER, 2000, p. 205). Já o *savoir-faire* articula-se mais a um saber domesticado, submisso, como se vê nos milhares de tutoriais sobre DIY ("*do it yourself*", "faça você mesmo"), disponíveis on-line. Diz Miller (2000, p. 205): "No *savoir-faire*, a coisa é domesticada, submissa, enquanto no saber haver-se aí, permanece selvagem, indomável". Se o universal está do lado do *savoir-faire*, no que concerne ao singular, só há saber haver-se aí. No *savoir-faire*, não há surpresas, enquanto que, no saber haver-se aí, trata-se de um saber encarar a coisa, mesmo que com precaução, pois, por desconhecê-la, espera-se sempre o pior (MILLER, 2000). Nesse sentido, a fantasia está do lado desse saber prévio. Naparstek (2018) propõe aproximá-la do *know-how*. Entretanto, essa expressão inglesa, traduzida frequentemente por habilidade prática, parece incluir o saber que se constrói a partir da experiência, sem um saber prévio. É interessante considerar a indicação de Naparstek (2018) de que a fantasia se articula como um saber fazer padronizado que visa a domesticar a pulsão, enquanto o *sinthome* incluiria essa dimensão "selvagem" do saber.

Sinthome e gozo fálico

O *sinthome* é tomado por Lacan (1975-76/2007, p. 98) para pensar a própria relação entre os sexos: "é com o *sinthome* que temos de nos haver na própria relação sexual, que Freud tomava por natural". Por natural, ele entende que "a natureza se especifica por não ser una" (LACAN, 1975-76/2007, p. 13), indicando o "cuidado para não dizerem que o sexo não tem nada de natural" (LACAN, 1975-76/2007, p. 13). É, portanto, a partir desse ponto que vai além do natural, mas que não o anula, que Lacan propõe o falo como verificador do real: "o único real que verifica o que quer que seja é o falo, na medida em que ele é o suporte da função do significante acerca do qual assinalo nesse artigo que ela cria todo significado" (LACAN, 1975-76/2007, p. 114). Diferentemente da definição lacaniana sobre o falo como o significante do desejo, nessa perspectiva, a do falo como verificador do real, sua função na sexuação se coloca como preponderante. O testemunho "O furo, em corpo, ainda...", de Sérgio Laia (2018c), explicita essa noção quando diz que, na análise, pode verificar que o legado paterno do qual se achava destituído, por não ter tido um pai como achava que deveria ser, era um falso furo para encobrir o furo real. Nesse sentido, sua análise vai na direção do furo real, "um furo de verdade" (LAIA, 2018c, p. 130.). Lacan pensa a sexuação através do que nomeia de tábua da sexuação.

Vieira (2019, p. 37) a traduz de um modo bastante claro:

> A crença no falo distribui ainda essa negatividade de maneira binária. Uns acreditarão tê-lo no corpo, ao alcance da mão, serão os ditos masculinos. Não é tão bom quanto parece. Estes, mais que ninguém, sentirão que o deles não é isso tudo, que à diferença do falo imaginário dos deuses, o deles costuma estar flácido e apenas de vez em quando ereto e por isso serão para sempre assombrados com o medo do fracasso. Outros serão levados a crer que não o têm, que aquela coisinha que fazia sua felicidade masturbatória infantil era um engano, que precisariam, para gozar, passar por outro corpo. Esse outro modo de negativação fálica em seus corpos, mais explícito, levará, porém, a um gozo bem menos limitado quando encontrado. Sem medo de perder o que já não têm, esses seres serão mais intensamente "tudo ou nada". Serão ditas e feitas mulheres. O falo (em seu aspecto simbólico, lógico) é um distribuidor de negatividade de modo complementar.

Há uma diferença entre o gozo peniano e o gozo fálico, já que o primeiro se circunscreve ao campo do imaginário, "do gozo do duplo, da imagem especular, do gozo do corpo" (LACAN, 1975-76/2007, p. 55). Já o gozo fálico "situa-se na conjunção do simbólico com o real", pois, "no sujeito que se sustenta no falasser", "há a capacidade de conjugar a fala e o que concerne a um certo gozo, aquele dito do falo, experimentado como parasitário, devido a essa própria fala, devido ao falasser" (LACAN, 1975-76/2007, p. 55). O gozo fálico é, portanto, "o lugar do que é em consciência designado pelo falasser como poder" (LACAN, 1975-76/2007, p. 55). No final de sua análise, Laia considera, a partir da ressonância entre "legado sem par" (em referência à ideia de uma ausência de legado paterno) e sua "mulher ímpar", que:

> Ao fazer da ausência de legado paterno um legado, cinjo o furo como real, como o que ele é de verdade e, assim, muito mais do que minha neurose me fazia acreditar, experimento efetivamente que o "poder" que sempre me interessou foi, segundo uma formulação que encontrei em Laurent (2016, p. 61), o poder de "fazer alguma coisa com o impossível de escrever da relação sexual". (LAIA, 2018c, p. 130)

Essa passagem é interessante para evidenciar que reconhecer a falácia do falo não implica um apagamento dessa função. A diferença é que, com o *sinthome*, é possível se valer "de um furo real em torno do qual a satisfação pulsional se faz" (LAIA, 2018c, p. 121).

O *sinthome* permite suportar o outro sexo e, nessa perspectiva, "o *sinthome* é, muito precisamente, o sexo ao qual não pertenço, isto é, uma mulher" (LACAN, 1975-76/2007, p. 98). Assim, se uma mulher é *sinthome* para todo homem, a recíproca não é verdadeira, já que o *sinthome* explicita que não há equivalência entre os sexos. Nesse sentido, Lacan (1975-76/2007, p. 98) pontua que "o homem é, para uma mulher, tudo o que quiserem, a saber, uma aflição pior que um *sinthome*". Trata-se mesmo de uma devastação.

A demanda de amor tem papel central na sexualidade feminina, e esta, por seu caráter infinito, pode retornar ao falasser feminino sob a forma de devastação. O não-todo fálico dirigido ao parceiro pela via da demanda infinita de amor retorna como devastação (MILLER, 1988, p. 98).

Se a demanda de amor no sujeito feminino se refere a uma duração infinita do tempo, a devastação seria um certo corte nessa duração, mas com um retorno do infinito da demanda de amor sobre o próprio sujeito. Não seria como um sintoma que se constitui como uma satisfação substitutiva, mas sim como uma hemorragia de gozo, este atrelado à fantasia. Para Freud (1927/2015, p. 58-59), "as relações da fantasia com o tempo são muito significativas", já que nela "o desejo utiliza uma oportunidade no presente para projetar, segundo um modelo do passado, uma imagem do futuro". Na fantasia, presente, passado e futuro se condensam, fazendo com que a experiência subjetiva da duração do tempo pareça se congelar numa significação fechada.

Seria essa "estática da fantasia" o que na devastação corta a demanda infinita de amor? A operação da psicanálise, nesses casos em que a devastação ganha a cena, poderia propor um outro corte temporal nessa infinitização rumo a um "desvanecimento da demanda" (MILLER, 2011a), o que requer a travessia da fantasia fundamental. Antes de desfazer a ficção, no entanto, é preciso construí-la, por meio da associação livre (MILLER, 2015). A aposta da psicanálise é a de que o sujeito encontre, na sessão analítica, um corte diferente da devastação, instaurando uma nova erótica do tempo.[36]

No Seminário sobre *O sinthoma*, há raras menções à fantasia. Elas ocorrem, no entanto, quando Lacan está se perguntando sobre o erotismo feminino. O filme que evoca para trabalhar tal questão é *O Império dos Sentidos*, de Nagisa Oshima, inspirado em um fato real que chocou o Japão em 1936. O filme, considerado "quase pornográfico, mas filmado com um rigor cinematográfico e requinte de fotografia" (BARRETO, 2017, n.p.), mostra o caso de Sado, uma antiga gueixa, com seu patrão Kichizo. O filme se inicia com a cena de voyeurismo de Sado vendo-o enquanto transa com sua esposa. A paixão de ambos se transforma em uma extrema obsessão pelo prazer sem limites e, na prática da asfixiofilia (asfixia erótica), Sado acaba por estrangular e castrar seu amante. "Na cena, uma satisfação enlouquecida produz um corte e, literalmente, ela é vista depois de passar quatro dias andando segurando o pênis do amante junto ao corpo, embrulhado em um pedaço de seda vermelho" (BARRETO, 2017, n.p.). "Corta e carrega consigo o pedaço de real, envelopado?" – pergunta Barreto (2017), em seu comentário sobre o filme, a propósito da questão sobre se a diferença sexual faz sintoma hoje.

Lacan toma esse filme que mostra que "a castração não é a fantasia" para dizer que essa castração pode ser fantasiada por uma mulher. A partir disso, propõe retornar com o símbolo grande *Phi*, Φ, para dizer que esse símbolo poderia ser a primeira letra da palavra fantasia (LACAN, 1975-76/2007, p. 123): a Φantasia seria, então, uma

36. Sobre a erótica do tempo, ver a conferência de mesmo título ministrada por Miller (2000).

tentativa de circunscrever esse falo simbólico – que é diferente do falo imaginário (-φ). Para Lacan (1975-76/2007, p. 123), essa letra se refere a uma "phunção de fonação" que acaba sendo "substitutiva do macho, dito homem". Com essa passagem, fica claro que, tanto para Lacan quanto para Freud, a fantasia se coloca como fálica, seja para o homem, seja para a mulher.

A fonação é "o ato ou processo de produzir voz pela vibração das pregas vocais à saída do ar dos pulmões"; "ato de emitir (o ser humano) linguagem articulada, formada de sons ou vocais ou fonemas" (HOUAISS, 2019). É interessante Lacan aproximar a fantasia da fonação, que a situaria mais em relação à dimensão da voz. Sabe-se que, para Freud (1950[1892-1899]/1996, p. 293), a fantasia remonta às "coisas ouvidas pelas crianças em tenra idade e somente compreendidas mais tarde", enquanto nos sonhos ganhariam privilégio as imagens que se constituem como restos diurnos.

No Seminário 23, a fonação é indicada a partir de uma apresentação de pacientes de Lacan (1975-76/2007, p. 91), em que o paciente relatava "falas impostas" e dizia-se afetado pela telepatia, de modo que todo mundo era avisado de suas reflexões. O "telepata emissor" havia tentado se matar, tamanho sofrimento na experiência desses fenômenos elementares.

Joyce também vivenciava essa sensação de "palavras impostas", uma vez que sua relação própria com as palavras evidencia o modo como as "experimenta como algo estranho, heterogêneo, 'imposto', que não vai por si" (MANDIL, 2003, p. 249). Joyce produz um anteparo ao caráter excessivamente vivo da linguagem, desarticulando-a. Mas, para fazer tal desarticulação, ele preserva a letra, mantendo sua escrita em inglês (MANDIL, 2003). Lacan (1975-76/2007, p. 92) destaca que a escrita deu um tratamento à dimensão parasita que está presente para todo o falasser: "a questão é antes saber por que um homem dito normal não percebe que a fala é um parasita, que a fala é uma excrescência, que a fala é a forma de câncer pela qual o ser humano é afligido". E, em Joyce,

> É por intermédio da escrita que a fala se decompõe ao se impor como tal, a saber, em uma deformação acerca da qual permanece ambíguo

saber se é caso de se livrar do parasita falador de que lhes falei há pouco ou, ao contrário, de se deixar invadir por propriedades de ordem essencialmente fonêmica da fala, pela polifonia da fala. (LACAN, 1975-76/2007, p. 93)

O *sinthome* de Joyce seria, então, o que lhe permite quebrar, desarticular esse aspecto de imposição das palavras, levando-o ao extremo de dissolver a própria linguagem, de modo que não haja mais identidade fonatória (MANDIL, 2003):

> Uma certa relação com a fala lhe é cada vez mais imposta – a saber, essa fala que, ao ser quebrada, desmantelada, acaba por ser escrita –, a ponto de ele acabar por dissolver a própria linguagem. (...) Ele acaba por impor à própria linguagem um tipo de quebra, de decomposição, que faz com que não haja mais identidade fonatória. (LACAN, 1975-76/2007, p. 93)

Essa identidade fonatória seria a dimensão fálica, o que Lacan (1975-76/2007, p. 16) já havia indicado em seu Seminário 23, ao dizer que "o falo é a conjunção do que chamei esse parasita, ou seja, o pedacinho de pau em questão, com a função da fala", e como Joyce era desprovido de "firmeza fálica", sua arte seria "o verdadeiro fiador de seu falo".

Jésus Santiago (2013, p. 93), em seu testemunho, relata um sonho no final da análise que explicita o que seria essa função de fonação:

> Estou numa comemoração na Escola, aproximo-me de um dos meus colegas que participava do grupo de discussão sobre o tema do relatório, e digo-lhe que encontrei a fórmula para a solução do problema do masculino. Convido-o para ir até a biblioteca e no instante de mostrar-lhe minha descoberta, nas folhas em branco, está escrito apenas o título: "fórmula Q". Fico desapontado: onde teria escrito a solução, deparo-me com o vazio.

O sonho se monta quando o falasser estava às voltas com a questão sobre se a divisão entre o amor e o desejo sexual, nos homens, poderia ser superada. No momento em que relata o sonho, "a fonação revela o essencial do que se trata: '*formule cul*'. A função fálica transita entre a fantasia e a fonação" (SANTIAGO, 2013, p. 93). A letra Q, em homologia fonatória com o orifício anal, evidencia seu amparo à fantasia, tendo o falo como suporte. A recordação de sua mãe servindo-se frequentemente de clister para tratar sua recorrente constipação intestinal, herança de família, revela sua posição fantasística pela fixação da mãe a uma posição viril. "O par formado por mãe-fálica e criança-objeto – reduzido a um orifício observado – constituirá o fundo da posição [fantasmática] do sujeito" (SANTIAGO, 2013, p. 93). Essa conexão entre olhar e orifício anal age como um véu que mascara o essencial da satisfação pulsional, ou seja, o orifício tenta tamponar o oco que é a pulsão. Vemos, portanto, que a fantasia visaria circunscrever a castração através do falo, daí Lacan tê-la notado como Φantasia. Seria um enquadre fonatório.

É curioso que Lacan tenha trabalhado essa noção de Φantasia justamente ao se dedicar ao erotismo feminino. Se o feminino se circunscreve no lado não todo fálico, na tábua da sexuação proposta por Lacan, haveria uma fantasia no lado que Lacan nomeia de mulher, não-todo fálico?

A partir de *O Império dos Sentidos*, Lacan (1975-76/2007) pontua que a fantasia "da mulher" é a de castração, pois aponta para o S de $\cancel{A}$, o que fica explícito na tábua da sexuação. Ele afirma que "quanto ao que fantasia a mulher, se é mesmo isso que nos foi apresentado no filme, é alguma coisa que, de todo modo, impede o encontro" (LACAN, 1975-76/2007, p. 123). S de $\cancel{A}$ implica que não há Outro do Outro, ou seja, não há um Outro que possa responder como parceiro: "A maior necessidade da espécie humana é que haja um Outro do Outro. É aquele a quem chamamos geralmente de Deus, mas a análise o desvela como pura e simplesmente A mulher" (LACAN, 1975-76/2007, p. 124), e A mulher não existe.

Em 1980, Lacan indica que as mulheres não estão privadas do gozo fálico:

> O gozo fálico não as aproxima dos homens, e sim as afasta, posto que esse gozo é obstáculo para acessá-las com o sexuado de outra espécie. (...) isso não quer dizer que elas não possam ter, com um só – escolhido por elas – a satisfação verdadeira: fálica. (LACAN, 1980/2010, p. 15)

Essa satisfação, no campo das mulheres, entretanto, é apontada como uma "Satisfação que se situa em seu ventre", mas que responde "à palavra do homem" (LACAN, 1980/2010, p. 15), o que implica que ela recorra a ele como um conector. Nesse sentido, "é necessário que ela caia bem. Que ela caia sobre o homem que lhe fale de acordo com sua fantasia fundamental, a dela" (LACAN, 1980/2010, p. 15).

Por essa perspectiva, a fantasia "das mulheres" estaria relacionada às parcerias amorosas que elas fazem, o que se pode localizar nos testemunhos de algumas mulheres, tal como o de Ana Lydia Santiago (2018), que localiza essa parceria no campo do olhar. Para Lacan, nessa busca, a mulher consegue efeito de amor algumas vezes, e de desejo, sempre, mas nunca o de um *rapport*, já que a proporção entre os sexos não existe.

Fantasia e sexuação

Ao se dedicar ao tema "Mulheres e semblantes", Miller (2010a) distingue as fantasias masculina e feminina a partir do modo tal como o desejo se constitui para cada uma dessas formas de sexuação. Ele lembra que, para Lacan, o desejo feminino se escreve por Ⱥ (ϕ), uma maneira de dizer que esse sujeito precisa lidar tanto com o Outro barrado quanto com o falo ϕ, como se observa na tábua da sexuação indicada anteriormente. Nesse sentido, "quando se abrem as vias do desejo para uma mulher, ela tem que lidar com as vias do Ⱥ, ou seja, que o Outro não existe" (MILLER, 2010a, p. 15). Como há a outra dimensão, o ϕ, Miller (2010a) indica que há um risco de a análise cair nessa vertente e a mulher se colocar como toda, Φ, ou seja, uma mulher com um postiço.

A fantasia masculina é escrita como $S\lozenge\Phi(a)$, pois "o desejo masculino se sustenta em semblantes falicizados" (MILLER, 2010a, p. 15). Para Miller, o "homem lacaniano" é um "ser pesado, estorvado, embaraçado pelo ter" (MILLER, 2010a, p. 15). E esse gozo do proprietário, ao mesmo tempo que promove um sentimento de superioridade, também implica o medo de ser roubado: uma "covardia masculina".

O homem covarde serve-se muito bem da dita "mulher com postiço", aquela a quem "se atribui artificialmente o que lhe falta com a condição de que sempre, em segredo, o receba de um homem" (MILLER, 2010a, p. 20). Enquanto desfila ostentando sua propriedade, tenta esconder sua falta e proteger o falo. A mulher "que não parece castrada, não ameaça o homem por não exigir que ele seja desejante e assim recebe o respeito e o descanso da castração". Entretanto, "a mulher com postiço denuncia o homem como castrado e não poucas vezes se completa com um homem assim, mantendo-o na sombra" (MILLER, 2010a, p. 21).

Nessa perspectiva, quando o sujeito masculino atravessa "os distintos níveis da fantasia, essa fórmula se concentra e acentua a função Φ" (MILLER, 2010a, p. 15). Para Miller (2010a), a travessia dessa fantasia masculina faz com que haja uma insistência da função fálica. Ele lembra que há uma pregnância da fantasia na sexuação do homem e sua travessia favorece uma "compressão" desse desejo.

Essa ideia da compressão se apresenta na arte do escultor francês César, ao qual Miller (2010a) faz referência. Ele "pode pegar uma pilha de carros e reduzi-la por compressão para fazer uma figura, um cubo de automóveis comprimidos" (MILLER, 2010a, p. 18), o que explicita bem de que se trata na travessia da fantasia masculina.

Na travessia dessa fantasia masculina, é como se seu atravessamento desnudasse o significante do gozo, o que deixa o sujeito colado a um significante último, tal como uma tela para o A̸. Miller estaria dizendo, então, que não há travessia da fantasia para o sujeito que se posiciona no lado do todo fálico? A questão que ele coloca em "Mulheres e semblantes" é se haveria dois tipos de final de análise, os que consistem na travessia da fantasia e aqueles em que há a identificação ao sintoma, o que o leva a concluir que:

> Certamente o mais típico, o ideal do passe, se busca no nível do A̸, mas é preciso dizer que isso ocorre do lado feminino, e que Lacan privilegiou a saída da análise do lado feminino, assim como definiu a

posição do analista de tal maneira em afinidade com a posição feminina, que a última palavra poderia ser: "Homens, mais um esforço...". (MILLER, 2010a, p. 19)

Os testemunhos da experiência psicanalítica, os passes, apresentam o "verdadeiro final de análise" (MILLER, 2018b). Em seu testemunho, Jésus Santiago (2018) nos transmite que, embora sua posição em relação à fantasia tenha se modificado no final de análise, ele reconhece essa compressão do desejo através de sua experiência com o autismo do gozo.

A fantasia dá matéria à poesia

Fantasia e corte

Lacan (1980/2010, p. 15) indica que "o gozo fálico é justamente aquele que consome o analisante". O gozo fálico responde a uma maneira de tentar lidar com o trauma generalizado, do qual o analisante tenta se proteger, que é o do mal-entendido, já que "trauma, não há outro: o homem nasce mal-entendido" (LACAN, 1980/2016, p. 61). Ele nos lembra que "não há outro trauma do nascimento senão o de nascer como desejado. Desejado ou não – é a mesma coisa, já que é pelo ser falante" (LACAN, 1980/2016, p. 61). A noção lacaniana de castração inclui, portanto, esse mal-entendido e, nesse sentido, por se encontrar às voltas com essas marcas, a psicanálise consistiria em explorá-lo, "com uma revelação, ao final, que é de fantasia (LACAN, 1980/2016, p. 61). Nessa passagem do final do ensino de Lacan, fica nítido que a concepção freudiana da fantasia como uma proteção ao trauma está muito presente. Entendemos que, ao se deparar com a castração na conclusão da análise, o que se revela como o que fazia anteparo à castração não passa de uma elucubração da fantasia.

Três anos antes da "Carta de dissolução", de 1980, em seu *Momento de Concluir*, Seminário ainda não estabelecido, Lacan dedica alguns minutos à fantasia, na lição de 20/12/77. Nesta, distingue o falar e o dizer, lembrando que o trabalho do analista é no impossível de dizer: "Dizer é diferente de falar. O analisando fala. Ele faz poesia, quando lhe ocorre, o que é pouco frequente" (LACAN, 1977-78). Se o analisando fala, o analista corta, ou seja,

> O que ele diz é corte, isto é, participa da escrita, na medida em que equivoca sobre a ortografia. Ele escreve de um modo diferente, de maneira que, pela graça da ortografia, soa outra coisa que o que é dito com a intenção de dizer, isto é, conscientemente, na medida em que a consciência não é evidente. É por isso que digo que nem no que diz o analisando, nem no que diz o analista, há outra coisa senão escrita. (LACAN, 1977-78)

Essa passagem remete novamente à ideia da fonação e de como a escrita *sinthomática* de Joyce permitiu tratar, com o equívoco sobre a ortografia, sua relação com a linguagem, esta sempre imposta e traumática (*troumatisme*). A escrita nos interessa, pois "é por meio desses pedacinhos de escrita que, historicamente, entramos no real, a saber, que paramos de imaginar. A escrita de letrinhas matemáticas é o que suporta o real" (LACAN, 1975-76/2007, p. 66).

Em *A voz da poesia*, Caldas (2004, p. 126) indica que, "se trabalhamos na fonação, produzimos efeitos de ressonância que não são fônicos, que não se explicam pelo material fônico, que revelam no fônico a presença de outra coisa, a presença do real". Sua indicação é a de que a voz é feita de material fônico, mas seu efeito toca o real, o que se verifica claramente na literatura poética.

Se o sentido tem função de tamponar, a escritura poética poderia dar a dimensão do que seria a interpretação analítica, algo que se pode reconhecer na escrita poética chinesa.[37] Ele considera que a verdade é poética, o que se verifica na clínica, quando uma interpretação é

37. Em *Lacan chinês*, Cleyton Andrade (2016) se dedica à poética chinesa a partir dessa notação. No "Prefácio" a essa publicação, Gilson Iannini (2016, p. 25) indica que o chinês é uma língua que porta uma "indecidibilidade estrutural". Lacan estudou chinês no início dos anos 40, chegando a ser diplomado pela Escola de Línguas Orientais. Depois de um longo intervalo, retomou seus estudos com François Cheng, chegando a afirmar que não teria sido lacaniano se não houvesse se dedicado a esse estudo da língua chinesa.

capaz de extinguir um sintoma. A escrita poética chinesa, tal como a interpretação, produz um efeito de furo ao forçar um intervalo entre som e sentido, o que a língua chinesa permite obtendo a materialidade da letra em função de uma disjunção com a significação. Na poesia chinesa, o significante não veicula uma mensagem, e sim faz emergir a materialidade da letra. Ao mesmo tempo, permite que, pelo uso do semblante, surja algum efeito de sentido (ANDRADE, 2016).

No Seminário 25, *Momento de Concluir*, Lacan afirma que o analisando não sabe o que diz quando fala, o que parece inspirado por essa dimensão da poesia chinesa. Ele reconhece que há muito mais fala do que dizer – o que novamente aponta para a fonação. Nessa perspectiva, a função do analista seria a de produzir cortes: "o analista corta ao ler esse mais do que quer dizer, na medida em que saiba o que ele mesmo quer" (LACAN, 1977-78). Tal corte é demonstrado na topologia através da figura do toro.

A superfície do toro é o que se obtém colando (sem torcer) os pares de lados paralelos de um retângulo. Colando apenas um par, obtemos um cilindro, e colando os "topos" desse cilindro obtemos um toro. Esta foi a primeira figura topológica da qual Lacan se serviu, já em "Função e campo da fala e da linguagem em psicanálise". Também no Seminário sobre *A identificação*, de 1961-1962, o toro é usado para indicar a relação entre demanda e desejo. No Seminário *A lógica do fantasma*, Lacan se serve dessa figura topológica para demonstrar o corte entre o ser e o pensamento.

No site do Centro de Difusão e Ensino Matemateca, da USP, há uma apresentação sobre a "Topologia das Superfícies" que nos permite compreender melhor o uso lacaniano desse campo da matemática: "Para a topologia, duas superfícies são consideradas equivalentes se uma puder ser transformada na outra por meio de deformações sem rompimento, ou ainda, deformações com rompimento, mas seguido de 'colagem de volta no mesmo lugar'".[38] Isso a diferencia da geometria, para quem as distâncias dos ângulos distinguiriam uma esfera e um cubo. O exemplo de uma aproximação de superfície por suas proprieda-

38. Ver em: https://matemateca.ime.usp.br/acervo/topologia_superficies.html.

des é oferecido a partir da transformação de um toro (que é o formato da câmara de pneu) na superfície esmaltada de uma xícara. Nesse caso, pelo menos imaginariamente, é possível deformar uma na outra, assim como um poliedro convexo pode ser deformado para se transformar numa esfera. Algumas superfícies têm bordo, que se constitui de uma ou mais curvas fechadas simples no espaço, formando nós ou enlaces, enquanto outras não têm. Elas também podem apresentar "dois lados" (orientáveis) ou "apenas um lado" (não orientável), o que se percebe passeando com o dedo por elas.

Não é o objetivo um aprofundamento na topologia lacaniana, o que exigiria uma investigação pormenorizada de como essas figuras são tomadas no ensino de Lacan, tal como o faz Amster (2010). A figura do toro interessa para que se compreenda a afirmação de Lacan em seu Seminário sobre o *Momento de Concluir*, de que, "para que haja fantasia, é preciso que haja toro. A identificação da fantasia ao toro é o que justifica minha imaginação do reviramento do toro" (LACAN, 1977-78). Essa afirmação refere-se à ideia de que "quando se corta perpendicularmente ao furo, o que se nota é que o toro mantém o nó borromeano" (LACAN, 1977-78).

Por que a fantasia necessitaria do toro? Estaria Lacan indicando que a dimensão do corte é fundamental para que se possa construir a fantasia fundamental na análise? Estaria nessa afirmação contida a ideia de que não há fantasia sem corte e, por isso, não há a fantasia como recurso na psicose? A ideia de Lacan nesse Seminário é a de que:

> Trata-se de tornar evidente o fato de que não há realidade. A realidade é constituída pela fantasia e a fantasia é também o que dá matéria à poesia, ou seja, todo o nosso desenvolvimento das ciências é alguma coisa que, não se sabe bem por que via, emerge daquilo que se chama relação sexual. (LACAN, 1977-78)

A partir do corte do toro que suporta o nó borromeano, Lacan (1977-78) demonstra que a fantasia e o real não se separam: "porque aqui está o terceiro elemento, quer dizer, é aqui que está a fantasia e que se encontra o que designei de real". Ao mesmo tempo que se constitui como uma elucubração sobre o real, a fantasia ganha estatuto de real. A ideia de que a fantasia funciona tanto como tela como enquanto janela para o real indica essa dimensão. A fantasia busca tamponar o real ao mesmo tempo que é o que permite o acesso a ele. E esse movimento acaba por modificar a maneira como se experimenta a realidade, tendo em vista que esta consiste na articulação entre os três registros. Favret (2014), ao se perguntar sobre "O que ilumina o passe no Ultimíssimo ensino de Lacan?", propõe que, no final de uma análise, trata-se de como cada um tenta se aproximar de um ponto, de um pedaço de real, apesar de sua opacidade, e nesse sentido o passe seria o esforço de encontrar um caminho na obscuridade.

Uma outra passagem sobre a fantasia, no Seminário 25, refere-se à interlocução com Descartes. Para este filósofo, o mundo seria composto pelo corpo material, definido como extensão (*res extensa*), e pela substância mental, definida como o pensamento ou a consciência (*res cogitans*). Descartes acreditava que a matéria opera de um modo mecânico. As duas substâncias são cada uma definida em termos de uma propriedade: extensão para a matéria e pensamento para a mente. Ao evocá-lo, Lacan (1975-76/2007) afirma que o nó borromeano é a matéria do pensamento e a fantasia do corpo é a extensão imaginada por Descartes. A relação com o corpo passa pela fantasia, já que o falasser tem um corpo, o que é diferente de sê-lo – como já havia indicado no Seminário 20. Nessa mesma perspectiva, propõe que "não há relação sexual, salvo entre fantasias", e é "um fato que a vida continua graças ao fato da reprodução ligada à fantasia" (LACAN, 1975-76/2007), o que nos indica que a fantasia é uma tentativa de fazer existir a relação sexual, o que, de certa maneira, enlaça os falasseres na busca por realizar algo dessa fantasia sexual com o parceiro.

Na lição de 15/11/77, Lacan (1975-76/2007) aproxima fantasia e ciência, dizendo que há um núcleo fantasístico na ciência: "a ciência não é nada mais que uma fantasia". Ela "é uma futilidade, que não tem peso na vida de ninguém, ainda que tenha efeitos, como a televisão, por exemplo, mas esses efeitos não se sustentam de nada que não seja a fantasia" (LACAN, 1975-76/2007). Nessa perspectiva, "o importante é que a própria ciência não é mais que uma fantasia e a ideia de um despertar é, para falar propriamente, impensável" (LACAN, 1975-76/2007).[39]

Para ler essa passagem, o texto de Miller sobre "O real no século XXI" é esclarecedor. Ele reforça a ideia de que, "na psicanálise, não há saber no real. O saber é uma elucubração sobre o real, desprovido de todo suposto saber" (MILLER, 2012, p. 3). Lacan (1964/1998) chegou a considerar que o real seria o que retorna sempre ao mesmo lugar. No entanto, há suas elaborações no Seminário 23 de que o real não tem lei nem ordem. Para a ciência, haveria um saber nesse real, a ponto de ele poder ser previsto e escrito em termos de leis.

Miller (2012) ressalta que o real psicanalítico é desprovido de sentido e não corresponde a nenhum querer-dizer. Ele não é "um cosmo, não é um mundo, nem uma ordem; é um pedaço, um fragmento assistemático porque separado do saber ficcional", produzido a partir do choque pulsional do encontro do significante com o corpo. O real inventado por Lacan não é o real da ciência. É um real ao acaso, contingente, na medida em que falta a lei natural da relação entre os sexos. O sentido escapa a esse real e, quando há doação de sentido, ela ocorre através da elucubração da fantasia. Assim, conclui-se que a ciência não passa de uma fantasia, ou seja, de uma elucubração de saber sobre o real, já que o real produz um furo no saber.

Nesse panorama, Miller (2012) indica o inconsciente tradicional, freudiano, como a elucubração de saber sobre *um* real. Seria uma elucubração transferencial, já que sob transferência o inconsciente poderia ser ordenado como discurso a interpretar o real: "Na transferência, introduz-se o sujeito suposto saber para interpretar o real. A partir daí, constitui-se um saber não *no* real, mas *sobre* o real". Se no inconsciente transferencial continua vigente uma intenção, um querer dizer, ou "um querer que me seja dito algo", no inconsciente real não há essa intencionalidade. O inconsciente real apenas se encontra sob a modalidade do "é assim".

39. Vale lembrar que Gilson Iannini (2007, 2012) aborda em seus trabalhos a maneira como Lacan pensa a ciência.

Os testemunhos de passe, nomeados por Miller (2012) de joias dos Congressos, são "relatos da elucubração da fantasia de alguém, e de como ele exprime e refaz a experiência analítica para reduzi-la a um núcleo, a um pobre real, que se apaga", tal como um choque pulsional. Essa redução é o que se pode escrever dos relatos.

Iannini (2012, p. 222) lembra que, embora o real não possa ser dito, "pode ser circunscrito através da formalização em suas duas vertentes: matemática e estilística". "Trata-se de um esforço de literalização do real que não faz economia dos impasses da formalização", esforço este que "não apenas não é uma quimera, nem uma impostura, como também disponibiliza um conjunto de ferramentas de valor inestimável ao pesquisador e ao clínico" (IANNINI, 2012, p. 223). Iannini (2012, p. 319) descreve as duas vertentes de literalização demonstrando como Lacan passa do matema ao poema para transformar a impotência em se dizer a verdade para a impossibilidade de dizê-la toda: "É a potência poética da letra, da qual se serve o estilo, que permite passar da impotência da verdade à impossibilidade de dizê-la toda".

Na formalização estética, busca-se contaminar a própria escritura com o que escapa à apreensão conceitual, quer dizer, o objeto. Tanto o matemático quanto o poeta dispensam o sentido. Iannini (2012) se refere a Badiou para delimitar duas operações fundamentais do poema: a subtração, que consiste na experiência da linguagem sem uma preocupação com a projeção de um sentido que designaria seu referente, e a disseminação, que seria a operação de dissolver o objeto em meio a um excesso de outros objetos. Além disso, Iannini (2012, p. 321) recorre ao título de Miller, "Um esforço de poesia", para lembrar que "o esforço de poesia deve ser visto como uma luta do poeta não apenas contra os sentidos cristalizados, mas também contra sua justificação social, a 'utilidade'". Nessa perspectiva, a poesia é "resistência à ética utilitarista" (IANNINI, 2012, p. 321).

Criação poética e fantasia

No trecho do "Manuscrito N" (Carta a Fliess), Freud (1900/2017, p. 43) havia indicado que "o mecanismo da criação poética é o mesmo das fantasias estéticas". Ele acreditava que, por meio da poesia, o escritor "se protege contra as consequências de sua vivência". A aproximação entre fantasia e poesia encontra eco na equivalência feita por Shakespeare entre "criação poética e delírio" (FREUD, 1900/2017, p. 43).

Freud achava curioso o fato de que o poeta produz prazer justamente na exposição de suas fantasias. O adulto "se envergonha de suas fantasias e as esconde dos outros, as guarda como o que lhe é mais íntimo, em geral, prefere responder por seus delitos que partilhar suas fantasias" (FREUD, 1908/2015, p. 56). Como, então, na poesia, esse prazer pode se apresentar?

A *Ars poetica*, para Freud (1908/2015), consiste em superar a repulsão neurótica. Para tanto, o poeta imprime suavizações, alterações e ocultamentos na exposição de suas fantasias, o que acaba produzindo uma espécie de prazer preliminar: "Sou da opinião de que todo prazer estético, criado pelo artista para nós, contém o caráter deste prazer preliminar e que a verdadeira fruição da obra poética surge da libertação das tensões de nossa psique" (FREUD, 1908/2015, p. 64).

Paul Valéry (1937/1991, p. 181), em seu curso de 1937, se dedica a ir além da poética como "compilações de regras, de convenções ou de preceitos relativos à composição dos poemas líricos e dramáticos ou à construção dos versos". Ele propõe que, ao estudarmos uma obra poética, é possível "considerar apenas a relação da obra com seu produtor, ou então a relação da obra com aquele que é modificado por ela, uma vez pronta". Nesse sentido, é preciso distinguir a ação do poeta e a reação do leitor, pois "as ideias que ambos fazem da obra são incompatíveis" (VALÉRY, 1937/1991, p. 184). Nessa perspectiva, considera a poesia como uma "obra do espírito", pois o que a obra produz "é incomensurável com nossas próprias faculdades de produção instantânea" (VALÉRY, 1937/1991, p. 185).

A "obra do espírito", para Valéry (1937/1991, p. 185), "só existe como ato. Fora desse ato, o que permanece é apenas um objeto que não oferece qualquer relação particular com o espírito". Assim:

> Um poema é um discurso que exige e provoca uma ligação contínua entre a *voz que existe* e a *voz que vem e que deve vir.* (...) Eliminem a voz e a voz que é necessária, tudo se torna arbitrário. O poema trans-

> forma-se em uma sequência de sinais que só estão ligados por estarem materialmente traçados uns depois dos outros. (VALÉRY, 1937/1991, p. 185-186)

O poema, portanto, nada mais é que sua execução, pois, fora dela, "essas sequências de palavras curiosamente reunidas são fabricações inexplicáveis" (VALÉRY, 1937/1991, p. 186).

A obra poética é o que desperta em nós "uma sede e uma fonte", é "o alimento e o excitante", pois "como recompensa do que lhe cedemos de nossa liberdade, dá-nos o amor pelo cativeiro que nos impõe e o sentimento de uma espécie deliciosa de conhecimento imediato" (VALÉRY, 1937/1991, p. 189). Dessa maneira, "sentimo-nos possuidores para sermos magnificamente possuídos" diante dessa obra.

A poesia se define, portanto, para Valéry (1937/1991), entre o som e o sentido, já que ela estabelece uma ligação entre o ritmo e a sintaxe. E ela se constitui a partir da "desordem" do mundo:

> Visto que o espírito está em causa, tudo está em causa; tudo é desordem e qualquer reação contra a desordem é da mesma espécie que ela. É porque essa desordem é, alias, a condição de sua fecundidade: ela contém a promessa, já que essa fecundidade depende mais do inesperado que do esperado, e mais do que ignoramos, e porque ignoramos, que daquilo que sabemos. (VALÉRY, 1937/1991, p. 192)

Agamben (2000, p. 142) se interessa por essa definição de Valéry de que "a poesia não vive senão na tensão e no contraste (e, portanto, também na possível interferência) entre o som e o sentido, entre a série semiótica e a série semântica". Por esse prisma, a rima, nesse "descolamento entre um evento semiótico (a repetição de um som) e um evento semântico", levaria "a mente a requerer uma analogia de sentido lá onde nada pode encontrar além de uma homofonia" (AGAMBEN, 2000, p. 143).

Se o poema se constitui nessa tensão, descolado do sentido, como ele termina? Agamben (2000) se pergunta sobre o fim do poema e suas elaborações podem trazer semelhanças com as indicações de Miller

(2010b) que mencionamos anteriormente a respeito do passe, de que eles são o testemunho de uma elucubração da fantasia que foi reduzida a um núcleo e que depois se apaga, tal como um choque pulsional.

Sobre o fim do poema, Agamben (2000, p. 145) afirma que "o último verso do poema não é um verso", já que se apresenta como uma espécie de *crise de vers*. Ele traz alguns exemplos de poemas mostrando o aspecto "frequentemente pobre, quase abjeto do fim do poema". Esse "desarranjo do último verso" demonstra a dificuldade que o poema se encerre: "como se o poema, enquanto estrutura formal, não pudesse, não devesse findar, como se a possibilidade do fim lhe fosse radicalmente subtraída, já que implicaria esse impossível poético que é a coincidência exata de som e sentido" (AGAMBEN, 2000, p. 146).

O desarranjo do último verso evidencia que, "no ponto em que o som está prestes a arruinar-se no abismo do sentido, o poema procura uma saída suspendendo, por assim dizer, o próprio fim, numa declaração de estado de emergência poética" (AGAMBEN, 2000, p. 146). Nessa esteira, o filósofo conclui que "o poema desvela o escopo da sua orgulhosa estratégia: que a língua consiga no fim comunicar ela própria, sem restar não dita naquilo que diz" (AGAMBEN, 2000, p. 148).

No *Pequeno Manual de Inestética*, Badiou (2002, p. 31) lembra que o poema "não é transposição organizada, mas oferenda, proposição sem lei". Ele demarca a diferença entre o poema e o matema. O poema está sujeito à imagem e à experiência sensível imediata. Já o matema teria seu ponto de partida na ideia pura e na dedução. O poema expõe a língua aos limites da sensação. E, nesse sentido, "ultrapassa em poder aquilo que o sensível é capaz", "é um pensamento impensável" (BADIOU, 2002, p. 32).

Em Rimbaud, há a expressão "alquimia do verbo", que Badiou (2002, p. 32) toma emprestado para definir o que é o poema. O efeito que este causa é o de mostrar a potência da língua: "todo poema faz um poder vir à língua, o poder de fixar eternamente o desaparecimento do que se apresenta" (BADIOU, 2002, p. 39). Entretanto, esse poder da língua é o que o poema não pode denominar. Ao mesmo tempo que expressa a potência da língua, revela sua impotência em tudo dizer. O poema produz uma fruição nesse infinito de possibilidades da língua.

Por essa razão, Badiou (2002, p. 42) considera a importância de acolher o poema, pois isso "nos evita supor que se possa substituir a singularidade de um pensamento pelo pensamento desse pensamento".

Caldas (2004, p. 126) lembra que na poesia é possível reconhecer os vestígios da voz do poeta, e recorre a Valéry para indicar que "a voz define a poesia pura". Nesta, não há a figura do narrador, nem do orador, mas sim a "voz no verso" que se refere ao objeto e não ao sujeito, já que há uma *ex-sistência* da voz no poema. Nesse sentido, "a voz e a poética estão nesse movimento de vai e vem entre o gozo do corpo do falasser e as prescrições para esse gozo no *corpus* social" (CALDAS, 2004, p. 128).

Uma escrita é considerada poética quando consegue "passar da ressonância da interpretação do corpo do poeta ao Outro social", ou seja, "quando de escrita no corpo de um falasser alcançar outro *amuro* que não seu corpo próprio" (CALDAS, 2004, p. 129). O poeta avança um saber em relação ao seu tempo, pois o ato poético produz um encontro contingente entre significantes que inventa o saber. Lembrando as lições de Miller em "Um esforço de poesia", Caldas (2004) destaca que esse saber não é saber sobre o real, mas um saber que rodeia a castração. Com isso, a psicanálise seria uma aposta para que "falasseres venham a inventar e encontrar legitimação poética para o seu gozo – formas éticas e estéticas de ser" (CALDAS, 2004, p. 130).

As elaborações de Caldas (2004) convergem com o que se pode localizar na transmissão dos passes sob dois aspectos. O primeiro deles concerne a como o passe chega ao Outro social através da transmissão singular de um encontro contingente de significantes na vida daquele falasser. Ao dar voz às marcas desse encontro, o testemunho permite passar da ressonância singular da interpretação desse choque do significante sobre o corpo em direção ao Outro social. O segundo aspecto se refere ao modo como evidenciam uma passagem de uma satisfação individual com o trabalho da análise para a satisfação com a transmissão dessa satisfação individual. Nesse sentido, pode-se concluir que há um trabalho de escrita poética no relato dos passes.

Em seu Seminário sobre *As formações do inconsciente*, Lacan (1957-58/1999, p. 58) afirma que "jamais ninguém abordou o que é verdadeiramente a poesia". Ele menciona essa ideia ao dizer de como

Mallarmé apanhava suas ideias do Littré, dicionário de língua francesa. Para Lacan (1957-58/1999, p. 59), Mallarmé se interessava "vivamente pelo significante" e, por isso, "deve haver uma maneira de definir a poesia em função das relações com o significante". Não é sem importância o fato de que ele recorra a Mallarmé e o "sem sentido" de suas poesias para trabalhar o *Witz*.

Poética e *Witz*

A poética incluiria a técnica do chiste (LACAN, 1953/1998, p. 289). Por essa razão, é interessante retomar o *Witz* para elucidar o funcionamento dessa formalização estética. Em Freud, é no livro sobre os chistes que uma formalização de aspiração científica envolvendo um forte componente lógico convive de maneira mais intensa com uma formalização de tipo estético, em que procedimentos de matiz poético são explicitados (IANNINI, 2002). Seria uma forma de mostrar aquilo que não pode ser dito. Entretanto, não seria um mostrar inócuo, que contentaria com sua inefabilidade; é, outrossim, "um mostrar prenhe de conteúdo assertivo, ainda que refratário à forma proposicional, que nos coloca diante de uma certa dimensão da verdade" (IANNINI, 2002, p. 323). O *Witz* precisa ser irredutível. Ao mesmo tempo, ele comporta expressão e prazer. A fonte do prazer do chiste é, sugere Freud, o prazer infantil: atividade lúdica com as palavras em seu estado bruto, jogo com a matéria fônica livre da coerção da rede socialmente compartilhada de significados.

Duas características do chiste o diferenciam de outras formações do inconsciente: ele tem uma face de exercício significante que explora sua polissemia e outra face, que é a de sua dinâmica inconsciente na relação com o desejo. O chiste necessita de uma "teia da linguagem estruturada socialmente" (LACAN, 1957-58/1999), pois não há chiste sem a chancela do Outro. Entretanto, só há produção de riso se há o rompimento de um fio ou nó daquela teia, como nos ajuda a ler Iannini (2002).

O exemplo de Freud (1905b/1996) é o do jovem ruivo de sobrenome Rousseau, apresentado em um salão de Paris. Pelo seu comportamento desastroso, a anfitriã comentou com o colega que o levou: "você despertara minhas expectativas quanto a um parente de Jean-Jacques Rousseau – talvez, um parentesco espiritual – e eis o que temos: um jovem ruivo e idiota: um *roux* e *sot*" (FREUD, 1905b/1996, p. 38). A redução não desfaz o chiste que se constitui levando em conta a identidade fônica: ROUSSEAU/ROUX SOT. Tal exemplo esclarece a ideia de que, no chiste, não se trata de uma mostração que é mera ilustração, mas é parte da própria formalização do que está em jogo no mecanismo do chiste.

No *Witz*, está em jogo o *pas-de-sens* (LACAN, 1969-70/1992, p. 53), expressão lacaniana que inclui tanto a negação quanto a passagem. Na tradução brasileira, ela foi traduzida como "nada-de-sentido", com uma nota especificando que o *pas* é um advérbio de negação, mas também o substantivo passo. Nesse sentido, o pas-de-sens seria tanto o "nada-de-sentido", "sentido-algum" ou "não-sentido", quanto o "passo-de-sentido" (LACAN, 1969-70/1992, p. 206). Lacan indica que é disso que se trata no chiste, uma vez que não vamos sem a verdade, "irmã do gozo". Ele lembra que "a verdade levanta voo mesmo que vocês não queiram mais capturá-la" (LACAN, 1969-70/1992, p. 54) e, no *pas-de-sens*, a verdade "volta a galope" (LACAN, 1969-70/1992, p. 54). Por isso, despertamos do sonho no momento em que poderia deixar escapar a verdade, ou seja, "só acordamos para continuar sonhando – sonhando no real, ou para ser mais exato, na realidade" (LACAN, 1969-70/1992, p. 54).

Iannini (2002) aponta que, para compreendermos o *pas-de-sens*, é preciso lembrar que Lacan rejeita a expressão *nonsense* em favor de outras categorias que se opõem ao sentido, passando por diversos termos correlatos antes de elaborá-la: "contra-senso", "des-senso" (*dé-sens*), pouco-sentido (*peu-de-sens*) e, finalmente, *pas-de-sens*. O fato de haver um "apagamento ou uma redução do sentido" (LACAN, 1957-58/1999, p. 101) não implica a ausência de sentido. Como escreve Freud (1905b/1996, p. 74), "há sentido por trás desta chistosa ausência de sentido".

Assim, um chiste não é um *nonsense*, mas uma produção de um efeito de verdade através de um pouco-de-sentido (IANNINI, 2002), o que a chancela do Outro expressa através do riso. Ou seja, é neste *pas-de-sens*, nesta negação determinada de um sentido dado, que reside a possibilidade de criação de um sentido novo, de uma passagem nova do sentido. Nessa perspectiva, a função do *Witz* seria, portanto, a de indicar este caráter de passagem por meio do pouco-sentido (IANNINI, 2002).

Em síntese, Lacan (1957-58/1999, p. 104) indica que, "depois de haver percorrido o segmento da dimensão metonímica, ele [o sujeito] faz com que o pouco-sentido seja acolhido como tal, o Outro autentica neste o passo-de-sentido, e o prazer se consuma para o sujeito". Ao fim do processo, temos uma positivação do pouco-sentido tornada possível pela negação relativa do sentido socialmente partilhado. Não é por outra razão que Lacan (1953/1998, p. 296) recomenda aos analistas "uma profunda assimilação dos recursos da língua, e especialmente dos que se realizam concretamente em seus textos poéticos".

Stevens (2005), ao falar sobre "O analista poeta", indica que a poesia também visa a um gozo relacionado ao sentido, o que Lacan nomeou de *sens jouit* (sentido gozado, ou sentido-de-gozo). Esse gozo, entretanto, por ser elaborado na multiplicidade de sentidos do poema, também funciona como um certo limite ao "domínio das pulsões e o império das paixões". Ele lembra a invenção do amor cortês, que culmina com a *Divina Comédia* de Dante e que inaugura uma certa tradição na maneira de cantar o amor. A poesia de Dante inventa não apenas um novo sentido para ele experimentar o amor, como também funciona como uma maneira de fazer suplência à inexistência da relação sexual, o que indica que há algo nessa invenção que ultrapassa as fronteiras do fazer poético.

A transmissão oral de um testemunho de passe equivaleria à declamação de um poema? Lacan (1976/2003, p. 568) afirma: "não sou um poeta, mas um poema. E que se escreve, apesar de ter jeito de ser sujeito". Não é demais lembrar que o dispositivo de passe foi inventado por ele para que não o imitassem, já que sua ideia era a de evidenciar o quanto uma análise e seu manejo são singulares. Assim, interessa no relato não os acontecimentos, mas o modo como algo se transmite, ou seja, o encadeamento poético do testemunho. Tal como ocorre com o poema, na visão de Valéry, eliminada a voz do poema, ele se transformaria numa sequência de sinais.

Os testemunhos que relatam o final da análise, através do dispositivo do passe, localizam esse percurso que vai do sentido da fantasia ao *pas-de-sens* do *sinthome*. O *pas-de-sens* é o que indica tanto o *pas* na vertente do sem sentido como o *pas* na vertente de um passo, uma passagem de sentido, que abre para um sentido novo, como veremos nos relatos a seguir. Destaca-se ainda mais a ideia de Lacan (1975-76/2007) de que o analisante faz poesia e é a fantasia o que dá "matéria à poesia". É interessante considerar como os últimos testemunhos que os AEs fazem, se tomados em desconexão em relação aos outros, mesmo que não transmitam um sentido de sua histoeria, e que sejam considerados por vezes muito distantes do sentido para quem não acompanhou os primeiros testemunhos, ainda assim mantêm sua importante função de transmissão.

CAPÍTULO V

A FANTASIA FUNDAMENTAL NO PASSE

Uma passagem de psicanalisante a psicanalista

Em "Proposição de 9 de outubro de 1967 sobre o psicanalista da Escola", Lacan (1967/2003) se ocupa da preocupação com a garantia dos psicanalistas de sua Escola, fundada em 1964. Nesse panorama, ele indica que o princípio fundamental de que "o psicanalista só se autoriza de si mesmo não impede que a Escola garanta que um analista depende de sua formação" (LACAN, 1967/2003, p. 248), o que não ocorre por hierarquia, como vinha propondo a IPA. A função da Escola não seria, portanto, a de garantir essas hierarquias, mas sim a de "garantir a relação do analista com a formação que ela dispensa" (LACAN, 1967/2003, p. 249). Para isso ocorrer, é importante levar em conta que "existe um real em jogo na própria formação do psicanalista" (LACAN, 1967/2003, p. 249), e, nesse sentido, "nenhum ensino fala do que é a psicanálise" (LACAN, 1967/2003, p. 250), chamando atenção de que só se pode pensar em transmissão.

Para Lacan (1967/2003, p. 252), "Nossos pontos de junção, onde têm que funcionar nossos órgãos de garantia, são conhecidos: são o começo e o fim da psicanálise, como no xadrez". No começo, Lacan situa a transferência, o significante qualquer em que se apoia o sujeito suposto ao saber. No final, Lacan (1967/2003, p. 252) localiza o analista: "o término da psicanálise superfluamente chamada didática é, com efeito, a passagem do psicanalisante a psicanalista". Daí o termo "passe", em que se verificaria a transmissão dessa passagem.

Em diversos textos e Seminários fica explícita a preocupação de Lacan em demarcar que a psicanálise não opera pela identificação ao analista, como vinha sendo preconizado à época. Para Miller (2018c), Lacan inventa o passe porque não queria ser imitado pelos analistas, ou seja, criou esse dispositivo numa tentativa de eliminar radicalmente a ideia de uma identificação a algum modelo, enfatizando que uma análise é singular, do início ao final.

Ao final, diante do *x* que constitui o desejo do analista, o analisante não tem mais vontade de "levantar sua opção, isto é, o resto que, como determinante de sua divisão, o faz decair de sua fantasia e o destitui como sujeito" (LACAN, 1967/2003, p. 257). Mas esperar uma destituição subjetiva ao final de uma análise não seria decepcionante? Lacan (1967/2003, p. 257) afirma: "A destituição subjetiva gravada no bilhete de ingresso... não será isso de provocar o horror, a indignação, o pânico ou até o atentado, ou, pelo menos, dar um pretexto para a objeção do princípio?".

O fim de análise "da moda" em 1967, o de Balint, por exemplo, era aquele em que o psicanalisante se identificava a seu guia, numa aliança com uma parte sadia do Eu. Lacan opera uma reviravolta nessa moda ao propor que o final de análise consiste em um *des-ser*. Veja o trecho em que promove tal elaboração:

> A passagem de psicanalisante a psicanalista tem uma porta cuja dobradiça é o resto que constitui a divisão entre eles, porque essa divisão não é outra senão a do sujeito, da qual esse resto é sua causa. Nessa reviravolta em que o sujeito vê soçobrar a segurança que extraía da fantasia em que se constitui, para cada um, sua janela para o real, o que se percebe é que a apreensão do desejo não é outra senão a de um *des-ser*. (LACAN, 1967/2003, p. 259)

Por rejeitar o ser, que não sabia da causa de sua fantasia, o sujeito da transferência se reduz ao saber suposto. Dessa redução, "o psicanalista não mais tem que esperar um olhar, mas se vê tornar-se uma voz" (LACAN, 1967/2003, p. 260). Para Lacan (1967/2003, p. 260), "o final de análise guarda em si uma ingenuidade sobre a qual se coloca a questão de saber se ela deve ser tida como garantia na passagem para o desejo de ser psicanalista". Ao falar dessa ingenuidade, Lacan evidencia claramente que, no passe, trata-se muito mais de transmitir como se deu essa passagem do que atestar que aquele que testemunha não procurará a análise jamais.

O passe é inventado por Lacan a partir de sua preocupação com a política da Escola, lugar que garantiria a formação do psicanalista. Na "Proposição...", dedica-se a descrever, de uma maneira diferente da hierarquia, o modo como o analista poderia compor o quadro de membros de sua Escola. Nesse sentido, ele propõe dois tipos diferentes de entrada:

1. O AME, ou Analista Membro da Escola, "constituído simplesmente pelo fato de a Escola o reconhecer como psicanalista que comprovou sua capacidade" (LACAN, 1967/2003, p. 249), a partir de um projeto de trabalho.
2. O AE, ou Analista da Escola, "a quem se imputa estar entre os que podem dar testemunho dos problemas cruciais, nos pontos nodais em que se acham eles no tocante à análise" (LACAN, 1967/2003, p. 249). E esse lugar implica uma demanda formal para ocupá-lo.

Como alguém poderia testemunhar sobre essa passagem de psicanalisante a psicanalista sem cair no engodo do modelo ou da garantia hierárquica? Para isso, seria preciso anular a figura do analista didata, aquele que oferecia garantias sobre o final de análise de seu paciente, de acordo com os critérios pré-estabelecidos pela IPA.

> Donde se poderia esperar, portanto, um testemunho correto sobre aquele que transpõe esse passe, senão de um outro que, como ele, o é ainda, esse passe, ou seja, em quem está presente nesse momento o des-ser em que seu psicanalista conserva a essência daquilo que lhe é passado como luto, com isso sabendo, como qualquer outro na função de didata, que também para eles isso passará? (LACAN, 1967/2003, p. 260)

Percebe-se, portanto, que a ideia de Lacan (1967/2003) é a de que não há ninguém melhor que um psicanalisante para autenticar essa passagem, o que é extremamente inovador para sua época. Nesse sentido, inventa o ofício de passador – alguém escolhido por um analista da Escola, "aquele que pode responder pelo fato de que eles estejam nesse passe ou retornaram a ele, em suma, ainda estando ligados ao desenlace de sua experiência pessoal" (LACAN, 1967/2003, p. 261). O psicanalisante que deseja se fazer autorizar como AE falará para esses passadores sobre sua análise, "e o testemunho que eles poderão colher pelo vivido de seu próprio passado será daqueles que nenhum júri de aprovação jamais colhe" (LACAN, 1967/2003, p. 261). Os passadores não são, portanto, juízes. Eles não têm um protocolo a seguir e descobrem-se no ofício por uma surpresa, momento em que são sorteados pelo passante. Eles falarão para o júri sobre a transmissão que recolheram do testemunho que lhes foi confiado. Esse júri "não pode se abster de um trabalho de doutrina, para além de seu funcionamento como selecionador" (LACAN, 1967/2003, p. 261).

Miller (2018c) ressalta que a função do passador é a de recolher o testemunho e entregá-lo a seu devido lugar. E, nesse sentido, o próprio dispositivo de passe evidencia a função de transmissão que está em jogo. Uma transmissão daquilo que não se perde ao ser repetido por outros, para outros. Daí o passe ser comparado à estrutura do *Witz*. Não porque há graça nos testemunhos, embora possa haver, mas pela dimensão de surpresa que essa transmissão porta. Vieira (2012) monta a estrutura do passe tal como a de um chiste: "o passante fala para o passador, se usarmos os termos de Freud, o passante é o agente e o passador é o objeto, mas essa produção significante é enviada para o terceiro, o cartel, que explicitamente não faz parte do *Witz*" (VIEIRA, 2012, p. 4). E esse efeito de surpresa vai se operar no cartel, ponto de chegada do testemunho. Vieira (2012) resume a estrutura do *Witz* de acordo com sua leitura do Seminário 5: aquele que o lança não tem prazer com ele, por suas inibições. Aquele que recebe o *Witz* também não terá suas inibições vencidas por estar frente a frente com o sujeito. Já "quem está na terceira posição é que terá o prazer, livre, pois ele rompe com a porta das inibições" (VIEIRA, 2012, p. 4). Nessa perspectiva, o chiste se coloca como um ato e, nesse sentido, mesmo o passante que não se tornou AE passou pelo dispositivo.

Na década de 60, as críticas à novidade trazida por Lacan não foram poucas. Diziam que ele estava entregando a Escola a "não-analistas". Seu "Discurso na Escola Freudiana de Paris", em 1967, é uma resposta a tais críticas, ao que se reduz na seguinte afirmação de Lacan (1970/2003, p. 275): "quero colocar não-analistas no controle do ato analítico, se com isso se deve entender que a atual situação do status do analista não apenas o leva a eludir esse ato, como degrada a produção que dele dependeria para a ciência". Ele demarca que o "não-analista" estaria fora do *standard*, mas não da análise e da prática, ou seja, o "não-analista" não é não analisado ou não praticante.

Em 1970, Lacan acrescenta um comentário à sua resposta dizendo que:

> O passe é o ponto em que, por se haver se dado conta de sua psicanálise, o lugar que o psicanalista ocupara em seu percurso, alguém dá o passo de ocupá-lo. Entendam bem: para operar nele como quem o ocupa, embora, dessa operação, não saiba coisa alguma, senão a que, em sua experiência, ela reduziu o ocupante. (LACAN, 1970/2003, p. 282)

Seis anos após a "Proposição...", ele se dirige aos italianos para orientá-los na construção de sua Escola, e propõe que eles a constituam apenas com AEs, ou seja, com analistas que postulem sua entrada a partir do princípio do passe. É interessante destacar que, na "Nota Italiana", o passe é tomado como um princípio, qual seja, o de que o analista só se autoriza de si mesmo, já que ele não opera com as garantias oferecidas por nomeações institucionais. Lacan (1973a/2003, p. 312) deixa claro que "autorizar-se não é auto-ri(tuali)zar-se". O analista é, para o Lacan de 1973, o rebotalho (*rebut*) da humanidade, pois é alguém que precisou enfrentar seu horror ao saber.

No "Prefácio à edição inglesa do Seminário 11", de 1976, Lacan indica que "o analista se historisteriza [*hystorise*] por si mesmo", já que "a miragem da verdade, da qual só se pode esperar a mentira (...) não tem outro limite senão a satisfação que marca o final de análise"

(LACAN, 1976/2003, p. 568). É por reconhecer essa mentira e a urgência nessa satisfação que ele recorre ao passe:

> Donde eu haver designado por passe essa verificação da historisterização da análise, abstendo-me de impor esse passe a todos, porque não há todos no caso, mas esparsos disparatados. Deixei-o à disposição daqueles que se arriscam a testemunhar da melhor maneira possível sobre a verdade mentirosa. (LACAN, 1976/2003, p. 569)

Em 1978, há o pronunciamento de conclusão às Jornadas de Deauville, uma intervenção sobre o passe. Aqui, ele reforça a ideia de que não é necessário que o passador seja um AE. Pontua que a única coisa realmente importante é o passante, e retoma a questão já apresentada no "Prefácio..." de 1976, sobre o motivo pelo qual alguém se autoriza a ser analista e a receber pessoas em nome da análise. Ao criticar, então, a razão pela qual os testemunhos não têm demonstrado esse ponto, conclui que "o passe é um completo fracasso" (LACAN, 1978),[40] denunciando o que se nomeou no contexto da Escola de crise do passe. Miller (2018c) retoma a "Proposição...", em um texto nomeado "A favor do passe, Delenda", e considera que o fracasso ao qual se refere Lacan é o de que o passe se tornou uma senha, *mot de passe*, perdendo seu caráter de transmissão, já que "essa transmissão foi impedida e até mesmo corrompida, na EFP [École Freudienne de Paris]" (MILLER, 2018c, p. 27).

O passe não assegura a prática clínica do passante, mas sim sua travessia, "que deve ter lugar na experiência do analisante" (MILLER, 2018c, p. 28). Ele considera que alguns analistas da EFP tomaram o passe como uma questão do ser do sujeito, esquecendo-se de que é uma questão sobre o saber e não sobre o ser – o que recairia num retorno à fantasia.

No ano anterior àquele em que faleceu, em 1980, Lacan promove a dissolução da École de la Cause Freudienne. Sofrendo de um câncer no colón, não sem humor, escolhe o Hotel Pullmann Saint-Jacques para

40. No original: "este pase es un completo fracaso". Tradução nossa.

fazer a leitura de sua "Carta de dissolução". Nesta, ele demarca que há um problema de Escola, que não é um enigma e que necessitaria de uma "diz-solução" (*c'est la dis – la dissolution*). Ele faz sua dissolução nos moldes do nó borromeano: "basta que um vá embora para que todos fiquem livres" (LACAN, 1980/2003, p. 319). Dissolve, portanto, a ECF e convoca aqueles que queiram prosseguir com ele a se associarem mais uma vez, candidatando-se, por escrito, no prazo de dez dias. Sua ideia era a de não se constituir mais uma Igreja, tal como foi a IPA em torno de Freud. Seria esse o momento de fundação do Campo Freudiano, em janeiro de 1980, com alguns dos psicanalistas que faziam parte da ECF, mas não todos.

Propõe diferenciar "campo" de "escola", considerando que, no "campo", cada um tem liberdade para demonstrar o que faz com o saber que a experiência decanta. Para tanto, retoma o dispositivo do "cartel", um coletivo de trabalho em que cada um trabalha sua questão e há um mais-um, que tem função de zelar por seu bom andamento, de modo a favorecer e provocar a elaboração. É um grupo de pelo menos três pessoas, cinco no máximo, sendo quatro o número ideal.

Lacan (1975-76/2007) indica que o passe do falasser seria o testemunho de um rateio, e não de um sucesso, pois o que ele elucida é seu modo de gozo. Trata-se de um testemunho sobre como o falasser se modificou em relação a seu modo de gozo, que não muda. Nessa perspectiva, o passe demonstraria que isso ocorre através das variações da sua verdade, seu caminho de mentira. Na "Conferência de Caracas", do mesmo ano da "Carta de dissolução", Miller aponta que "passe" é o nome que Lacan dá à disjunção do sujeito e do objeto que se opera na experiência analítica – ou seja, a *fratura*, ou *travessia* da fantasia.

Em "Haveria Passe?", Miller (2010b) indica que há 3 passes: "O passe 1 é o passe na análise, quando se ultrapassou alguma coisa na sua análise. O passe 2 é o procedimento, e o passe 3 é este que se faz diante do público". Enquanto o passe seria uma orientação do inconsciente transferencial ao inconsciente real, o passe bis, esse segundo passe, iria do inconsciente real ao transferencial. Trata-se de uma nova transferência com a análise, que se refere muito mais a uma relação com a causa analítica. O passe bis seria uma *histoerização* da própria análise.

O passe bis elabora-se na solidão, "embora se realize por meio de parasitas, os passadores" (MILLER, 2018d, p. 76). Nesse momento, não se trata do passe como fato, senão como uma ficção, já que é a verdade mentirosa que está em jogo nessa transmissão. Nessa perspectiva, Miller o considera como uma performance.

Por outro lado, o passe bis é "uma prova de verdade". Isso ocorre porque, "após ter alguém alcançado o inconsciente real, sabe que a verdade é uma ilusão, e que, depois da verdade, só espera a mentira" (MILLER, 2018d, p. 77). Não se espera, portanto, um testemunho que seja o verdadeiro sobre o verdadeiro, mas que transmita "o modo como alguém soube lidar, em sua análise, com a miragem da verdade, como se entregou a ela, se deixou enganar por ela e como, em seguida, se safou dela, como – assim o esperamos – se redimiu dela" (MILLER, 2018d, p. 77). É nessa perspectiva que "o critério do passe bis consiste em saber lidar com seu sintoma, para dele obter satisfação" (MILLER, 2018d, p. 77). Mais uma vez se localiza aqui a importância da satisfação que marca o final de análise na perspectiva da orientação lacaniana.

No terceiro momento do passe, temos sua transmissão para o público e os desdobramentos de seus testemunhos, em função da causa psicanalítica. Mas, em relação à própria análise, restaria algo para além do passe? Miller (2010b) responde a essa questão pela noção de que o sintoma é fractal, ou seja, ele reitera uma mesma estrutura. E, nesse sentido, para além do passe está o sintoma em sua característica de iteração. Miller (2010b, p. 132) o nomeia "ultrapasse", que seria "a assunção do não sentido desse Um que, no sintoma, se assim posso dizê-lo, itera sem rima, nem razão". Após o esvaziamento dos testemunhos do passe, Alvarenga (2015, p. 123) localiza, no momento de "ultrapasse", a função da supervisão, que seria a de "manejar com o incurável, saber fazer com os restos sintomáticos, lutar contra a maestria terapêutica, desmontar as defesas e manter uma relação viva com o sujeito suposto saber". Em seu testemunho, Laia (2018b) localiza esses três momentos do passe: o passe que ocorre na análise, o passe confirmado pela nomeação do AE e o passe testemunhado para a comunidade analítica.

Alguns relatos de Cartéis de Passe

Há alguns artigos que explicitam o funcionamento dos Cartéis de Passe, tal como o escrito por Serge Cottet (2011), nomeado de "Relatório conclusivo do Cartel A9". Ele indica que em dois anos o cartel recebeu doze testemunhos, cinco de homens e sete de mulheres, e interroga o modo como alguns passadores que levaram os testemunhos dos passantes para o Cartel do Passe se apresentaram como secretários, ou não ousaram colocar um pouco de ordem em relatos muito rebuscados. Outros foram confusos, e deixaram para o próprio Cartel construir o relato. Há um risco de que o testemunho caia numa "narração anedótica de dramas sobrepujados, de contingências traumáticas e familiares intrincadas, fornecendo as coordenadas do sintoma, mas não a elucidação de seus avatares" (COTTET, 2011, p. 72). Não obstante, ele afirma que "sempre se consegue, pois o fio está presente na maioria dos casos" (COTTET, 2011, p. 72). E o passante é sempre o responsável pela consistência de seu testemunho.

> O que esse cartel buscava localizar nos testemunhos recolhidos era qual o destino o inconsciente traçou para esse sujeito até o ponto em que, crendo enfim em sua estrutura em vez de submeter-se a ela, ele extraiu disso consequências, no melhor dos casos, mediante uma fórmula singular que transmite um saber do qual uma comunidade pode colher os frutos. (COTTET, 2011, p. 72)

Para Cottet (2011), é possível, a partir dos relatos, estabelecer um esquema da história da análise: o romance familiar, os sintomas e a interpretação. "Sem esperar sistematicamente por uma 'travessia da fantasia', buscamos saber a partir de qual janela o sujeito olha o mundo, como ele se orienta na realidade" (COTTET, 2011, p. 73). Também se localizam nos testemunhos os diferentes modos de separação do sujeito em relação a um objeto obstrutivo ou condensador de seu gozo. Para isso, para conseguir se extrair da sedução do objeto, ao longo da análise, foi "preciso o passante ouvir dizer: *Tu és isto!*", fórmula inaudita, que funciona como uma revelação. Outro ponto comum que o Cartel encontrou nos testemunhos foi o de que todos os passantes relataram um sonho conclusivo e condensador dos desfiladeiros do inconsciente e que "toma o lugar de fantasia fundamental" (COTTET, 2011, p. 74). Mas a comunicação desse sonho somente é convincente "quando evidencia um corte em relação ao material antigo e demonstra uma modificação do modo de gozo" (COTTET, 2011, p. 75), o que foi localizado em todos os sonhos relatados pelos que foram nomeados AEs (Analistas da Escola). Para Cottet (2011, p. 76), a interpretação do analista é de grande importância, e o Cartel considera que "ficamos mais convencidos da mudança quando ela é obtida por uma intervenção do analista, sendo a elaboração pessoal do candidato decorrente da autoanálise menos convincente".

Nos testemunhos do Cartel A9, Cottet (2011) demarca uma diferença no final de análise em sujeitos masculinos e femininos. Nos masculinos, o "além da castração" que faz nascer o desejo do psicanalista surge de uma renúncia a encontrar no objeto pulsional uma compensação para a deflação fálica. A indicação de Cottet (2011) vai na direção do que Miller apontou sobre a compressão do desejo no campo masculino. Nos sujeitos femininos, Cottet (2011) localiza esse "além da castração" no consentimento ao limite representado pelo parceiro-sintoma.

Em outro texto, Bassols (2011) faz o "Relatório conclusivo do Cartel B9", que recebeu o testemunho de sete passantes – três mulheres e quatro homens, dos quais dois foram nomeados AEs. Trata-se de um relatório interessante, pois tenta justificar essas não nomeações.

Os testemunhos dos cinco sujeitos não nomeados localizam o traumatismo operado pela língua no corpo, e, "deste modo, o traço indelével deixado por uma frase ouvida determina para o sujeito uma fixação de gozo, dando forma à fantasia e cifrando as coordenadas do sintoma" (BASSOLS, 2011, p. 78). Essas análises produziram efeitos importantes, tal como o esvaziamento de sentido de uma frase ouvida por um sujeito masculino, vinda de sua mãe, o que trouxe como consequência o alívio da identificação feminina. A análise dele girou em torno dessa frase que ouviu quando tinha oito anos e cuja interpretação interferiu em sua posição sexuada e em sua escolha de objeto. A frase ouvida adquiriu o valor de uma castração sofrida pela mãe. Do lado da criança, houve um acontecimento de corpo que a identificou nessa posição, o que "não era senão a expressão de um *próton pseudos*".

No caso em questão, quando o analista revela ao sujeito sua "verdade mentirosa", ele lhe permite cernir o sentido gozoso (*sens joui*) da frase, e o sujeito passa a não mais crer na versão da castração que havia construído para si. Para Bassols (2011), esse testemunho é exemplar de como o sujeito se identifica com o objeto imaginário do desejo da mãe. É interessante destacar que mesmo um testemunho em que não se chegou a localizar a passagem de analisante a analista, e que não culminou em uma nomeação, transmite-nos algo importante.

Outro sujeito que não obteve nomeação de AE, mas cujo testemunho pareceu muito relevante, é um sujeito feminino que buscava se sustentar em "uma ereção fálica imaginária, a fim de tornar o homem vivo" (BASSOLS, 2011, p. 79). Para sustentar seu pai, seu irmão e seu parceiro, colocava o corpo, padecendo dele. Ao tentar se fazer parceira da impotência do pai, caía como um falo impotente, o que produzia um sintoma no corpo: o desfalecimento. Sua vontade de ser o falo animava o gozo fálico, que pode cingir na análise redescobrindo seu encantamento pela fala e pelo canto, o que o Cartel considerou como "vociferações da voz do supereu" (BASSOLS, 2011, p. 80).

Esse Cartel também apontou algumas diferenças em relação à posição sexuada na análise. Nos sujeitos masculinos, evidenciou-se uma "solidariedade entre o imperativo de gozo e a posição do sujeito em sua equivalência com o objeto *a*, sob as espécies do objeto que cai, do dejeto" (BASSOLS, 2011, p. 79). Ele considera que "as mulheres, por sua vez, dão testemunho do ilimitado de um sofrimento mortificante, correlato ao ilimitado da demanda de amor" (BASSOLS, 2011, p. 79).

Os testemunhos dos cinco não nomeados evidenciaram, em alguma medida, uma tentativa de "esvaziamento do falo" para uma assunção via significação fálica dos semblantes masculinos ou femininos. Nesse sentido, Bassols (2011, p. 85) indica que "a localização das coordenadas da fantasia fundamental, se ela é condição necessária à desidentificação fálica, não é, porém, suficiente para nomear um AE passante". Nesses casos, houve um ponto de angústia fundamental que não havia sido tocado no final do tratamento; ou não se localizou uma posição de gozo escondida, ou mesmo um mais além do Édipo, nos casos femininos.

Já os passantes nomeados indicaram que "se não é possível atravessar ou ultrapassar o limite imposto pelo real, trata-se bem mais de uma aquiescência dada pelo sujeito no momento em que ele faz a experiência, não da falta, mas do que decorre do irredutível e do impossível" (BASSOLS, 2011, p. 85). Os elementos primordiais do traumatismo do choque do significante sobre o corpo se manifestam também nesses testemunhos, mas sem o *pathos* da história. Eles se apresentam como pontos sobre o que não se pode modificar. "Pôde-se, então, falar de sinthoma como de um certo *saber* fazer ali com um problema sem solução" (BASSOLS, 2011, p. 86).

Pode-se perceber que os testemunhos transmitem muito mais do que a história de uma análise. Além da transmissão sobre o caso único, há também uma transmissão sobre a psicanálise e seu fazer, que é sempre singular.

Para concluir: aposta no passe

Conhecendo melhor a proposta do passe, fica claro que o testemunho não pode ser tomado como um caso clínico, tampouco um caso literário, já que se trata da transmissão singular de uma "satisfação" e de um fracasso.

Nesse sentido, como trabalhar as publicações dos testemunhos sem perder seu caráter de transmissão? Seria possível resumir um relato de passe? Explorar os diversos testemunhos de um único sujeito, buscando relatar seus pormenores e elementos históricos, poderia tornar-se uma espécie de análise de caso clínico, o que não é o intuito do passe. Também há o perigo de tratá-lo como uma biografia ou um caso literário, o que também não é interessante. Ou, ainda, corre-se o risco de que o testemunho seja lido como um modelo do que seria o final de análise para todos, o que é o oposto da proposta de Lacan. Nenhuma dessas opções seria lacaniana, já que o propósito do passe é a transmissão singular de uma experiência, tal como em um poema. Não é possível resumir um poema e eliminar sua voz. Assim, é preciso deixar falar a voz dos AEs, incluindo o que eles transmitem a respeito da fantasia.

Para esse *esforço de poesia*, recomenda-se a leitura do livro *A aposta no passe*, em que é possível encontrar o testemunho de diversos AEs e aprender com eles o que Miller (2014a) nomeou "balé" entre fantasia e pulsão na constituição do *sinthome*.

O movimento que vai do sentido aprisionado na fantasia à abertura propiciada pelo *sinthome* evidencia o passo desse balé. Da leitura dos testemunhos registrados no referido livro, é possível depreender que o novo modo de fazer com o gozo esboça elementos que já se apresentavam, de alguma maneira, na fantasia fundamental. Essa dança inclui tanto a contingência como o *pas-de-sens*, e não é demais lembrar que "o mecanismo da criação poética é o mesmo das fantasias estéticas" (FREUD, 1908/2015, p. 43).

Dessa maneira, ainda que Lacan não tenha dito muito mais sobre a fantasia em seus Seminários finais, o trabalho com a fantasia fundamental, através das operações de construção, redução e travessia, mantém sua relevância e atualidade na direção do tratamento psicanalítico. Pode-se concluir, portanto, que a formalização sobre o *sinthome* introduz uma nova concepção do final de análise que não apaga a *lógica do fantasma*, embora vá além dela.

REFERÊNCIAS

ABBAGNANO, N. *Dicionário de filosofia*. Tradução coordenada por Alfredo Bosi; revisão da tradução e tradução de novos textos por Ivone Benedetti. São Paulo: Martins Fontes, 2007.

ALVARENGA, E. O passe na prática. *Opção Lacaniana: Revista Brasileira Internacional de Psicanálise*, v. 33, p. 63-65, 2002.

ALVARENGA, E. Do escabelo ao sinthoma e retorno. *Papers, Comitê de ação Escola Una*, v. 7, p. 67-78, 2014.

ALVARENGA, E. Considerações sobre o passe e a supervisão do "parlêtre". *Pontuações sobre a supervisão*, v. 6, n. 4, p. 34-56, 2015.

AMSTER, P. *Apuntes Matemáticos para leer a Lacan*: 1. Topología. Buenos Aires: Letra Viva, 2010.

ANDRADE, C. *Lacan chinês*: poesia, ideograma e caligrafia chinesa de uma psicanálise. Maceió: EDUFAL, 2016.

AGAMBEN, G. O fim do poema. Tradução de Sérgio Alcides. *Cacto*, v. 1, n. 1, p. 12-24, 2000.

AROMI, A. Sintoma. In: *Scilicet*: A ordem simbólica no século XXI. Belo Horizonte: Scriptum, 2011.

BADIOU, A. *Pequeno Manual de Inestética*. Tradução de Marina Appenzeller. São Paulo: Estação Liberdade, 2002.

BARRETO, C. A diferença sexual faz sintoma hoje? Comentário do filme Império dos Sentidos. In: *EBP-MG: XXI Jornada – L'Incs Extraordinário*. 2017. Disponível em: https://ampblog2006.blogspot.com/2017/08/ebp-mg-xxi-jornada-lincs-extraordinario.html. Acesso em: 1º jul. 2025.

BARROS, M. R. C. do R. A transferência e o gozo mudo do sintoma. *Latusa digital*, v. 2, n. 13, p. 56-78, 2005.

BASSOLS, M. Relatório conclusivo do cartel B9. *Opção Lacaniana: Revista Brasileira Internacional de Psicanálise*, n. 60, p. 77-87, 2011.

CALDAS, H. A voz da poesia. *Opção Lacaniana: Revista Brasileira Internacional de Psicanálise*, n. 40, p. 126-130, 2004.

CAMPOS, S. de. *Supereu/Uerepus*: das origens aos seus destinos. São Paulo: Escola Brasileira de Psicanálise, 2015.

CAZOTTE, J. *O diabo apaixonado*. Rio de Janeiro: Aurora, 2011.

COSENZA, D. Fin de analisis. *De Inconscientes*, v. 34, n. 23, p. 566-580, 2019.

COTTET, S. Relatório conclusivo do cartel A9. *Opção Lacaniana: Revista Brasileira Internacional de Psicanálise*, v. 60, p. 71-76, 2011.

FAVRET, A. O que ilumina o passe no Ultimíssimo ensino de Lacan? *Rádio Lacan*. 2014. Disponível em: http://www.radiolacan.com/pt/topic/156/3. Acesso em: 1º jun. 2025. (Podcast).

FREUD, S. Estudos sobre a histeria. In: *Edição Standard das Obras Completas de Sigmund Freud*. Tradução de Jayme Salomão. Rio de Janeiro: Imago, Vol. II, 1996. (Trabalho original publicado em 1893-1895).

FREUD, S. Projeto para uma psicologia científica. In: *Edição Standard das Obras Completas de Sigmund Freud*. Tradução de Jayme Salomão. Rio de Janeiro: Imago, Vol. I, 1996. (Trabalho original publicado em 1950[1895]).

FREUD, S. Extratos dos documentos dirigidos a Fliess. In: *Edição Standard das Obras Completas de Sigmund Freud*. Tradução de Jayme Salomão. Vol. I. Rio de Janeiro: Imago, 1996. (Trabalho original publicado em 1950[1892-1899]).

FREUD, S. A interpretação dos sonhos. In: *Edição Standard das Obras Completas de Sigmund Freud*. Tradução de Jayme Salomão. Rio de Janeiro: Imago, Vol. IV, 1996. (Trabalho original publicado em 1900).

FREUD, S. Fragmento da análise de um caso de histeria. In: *Edição Standard das Obras Completas de Sigmund Freud*. Tradução de Jayme Salomão. Rio de Janeiro: Imago, Vol. VII, 1996. (Trabalho original publicado em 1905[1901]).

FREUD, S. Três ensaios sobre a teoria da sexualidade. In: *Edição Standard das Obras Completas de Sigmund Freud*. Tradução de Jayme Salomão. Rio de Janeiro: Imago, Vol. VII, 1996. (Trabalho original publicado em 1905a).

FREUD, S. Os chistes e sua relação com o inconsciente. In: *Edição Standard das Obras Completas de Sigmund Freud*. Tradução de Jayme Salomão. Rio de Janeiro: Imago, Vol. VII, 1996. (Trabalho original publicado em 1905b).

FREUD, S. Fantasias histéricas e sua relação com a bissexualidade. In: *Edição Standard das Obras Completas de Sigmund Freud*. Tradução de Jayme Salomão. Rio de Janeiro: Imago, Vol. IX, 1996. (Trabalho original publicado em 1908).

FREUD, S. Análise de uma fobia em um menino de 5 anos ("Pequeno Hans"). In: *Edição Standard das Obras Completas de Sigmund Freud*. Tradução de Jayme Salomão. Rio de Janeiro: Imago, Vol. X, 1996. (Trabalho original publicado em 1909a).

FREUD, S. Notas sobre um caso de neurose obsessiva ("Homem dos Ratos"). In: *Edição Standard das Obras Completas de Sigmund Freud*. Tradução de Jayme Salomão. Rio de Janeiro: Imago, Vol. X, 1996. (Trabalho original publicado em 1909b).

FREUD, S. A concepção psicanalítica da perturbação psicogênica da visão. In: *Edição Standard das Obras Completas de Sigmund Freud*. Tradução de Jayme Salomão. Rio de Janeiro: Imago, Vol. XI, 1996. (Trabalho original publicado em 1910).

FREUD, S. A história do movimento psicanalítico, Artigos sobre Metapsicologia e outros Trabalhos. In: *Edição Standard das Obras Completas de Sigmund Freud*. Tradução de Jayme Salomão. Rio de Janeiro: Imago, Vol. XIV, 1996. (Trabalho original publicado em 1914-16).

FREUD, S. Formulações sobre os dois princípios do funcionamento mental. In: *Edição Standard das Obras Completas de Sigmund Freud*. Tradução de Jayme Salomão. Rio de Janeiro: Imago, Vol. XII, 1996. (Trabalho original publicado em 1911).

FREUD, S. Contribuições à psicologia do amor. In: *Edição Standard das Obras Completas de Sigmund Freud*. Tradução de Jayme Salomão. Rio de Janeiro: Imago, Vol. XI, 1996. (Trabalho original publicado em 1910-18).

FREUD, S. Conferência XVII – O sentido dos sintomas. In: *Edição Standard das Obras Completas de Sigmund Freud*. Tradução de Jayme Salomão.

Rio de Janeiro: Imago, Vol. XV, 1996. (Trabalho original publicado em 1916a).

FREUD, S. Conferência XIII – Aspectos arcaicos e infantilismo dos sonhos. In: *Edição Standard das Obras Completas de Sigmund Freud*. Tradução de Jayme Salomão. Rio de Janeiro: Imago, Vol. XV, 1996. (Trabalho original publicado em 1916b).

FREUD, S. Conferência XVIII – Fixação em traumas. In: *Edição Standard das Obras Completas de Sigmund Freud*. Tradução de Jayme Salomão. Rio de Janeiro: Imago, Vol. XV, 1996. (Trabalho original publicado em 1916c).

FREUD, S. Conferência XX – A vida sexual dos seres humanos. In: *Edição Standard das Obras Completas de Sigmund Freud*. Tradução de Jayme Salomão. Rio de Janeiro: Imago, Vol. XV, 1996. (Trabalho original publicado em 1916d).

FREUD, S. Conferências introdutórias sobre psicanálise (Os caminhos da formação dos sintomas). In: *Edição Standard das Obras Completas de Sigmund Freud*. Tradução de Jayme Salomão. Rio de Janeiro: Imago, Vol. XVI, 1996. (Trabalho original publicado em 1917).

FREUD, S. Além do princípio do prazer. In: *Edição Standard das Obras Completas de Sigmund Freud*. Tradução de Jayme Salomão. Rio de Janeiro: Imago, Vol. XVIII, 1996. (Trabalho original publicado em 1920).

FREUD, S. A perda da realidade na neurose e na psicose. In: *Edição Standard das Obras Completas de Sigmund Freud*. Tradução de Jayme Salomão. Rio de Janeiro: Imago, Vol. XIX, 1996. (Trabalho original publicado em 1924).

FREUD, S. Inibição, sintoma e ansiedade. In: *Edição Standard das Obras Completas de Sigmund Freud*. Tradução de Jayme Salomão. Rio de Janeiro: Imago, Vol. XX, 1996. (Trabalho original publicado em 1925a).

FREUD, S. Algumas consequências psíquicas da distinção anatômica entre os sexos. In: *Edição Standard das Obras Completas de Sigmund Freud*. Tradução de Jayme Salomão. Rio de Janeiro: Imago, Vol. XIX, 1996. (Trabalho original publicado em 1925b).

FREUD, S. O fetichismo. In: *Edição Standard das Obras Completas de Sigmund Freud*. Tradução de Jayme Salomão. Rio de Janeiro: Imago, Vol. XXI, 1996. (Trabalho original publicado em 1927).

FREUD, S. Conferência XXXI: A dissecção da personalidade psíquica. In: *Edição Standard das Obras Completas de Sigmund Freud*. Tradução de Jayme Salomão. Rio de Janeiro: Imago, Vol. XXII, 1996. (Trabalho original publicado em 1932).

FREUD, S. Conferência XXXII: Angústia e vida pulsional. In: *Edição Standard das Obras Completas de Sigmund Freud*. Tradução de Jayme Salomão. Rio de Janeiro: Imago, Vol. XXII, 1996. (Trabalho original publicado em 1933[1932]).

FREUD, S. O poeta e o fantasiar. In: *Obras Incompletas de Sigmund Freud*: Arte Literatura e os artistas. Tradução de Ernani Chaves. Belo Horizonte: Autêntica, 2015. (Trabalho original publicado em 1908).

FREUD, S. O humor. In: *Obras Incompletas de Sigmund Freud*: Arte, Literatura e os artistas. Tradução de Ernani Chaves. Belo Horizonte: Autêntica, 2015. (Trabalho original publicado em 1927).

FREUD, S. As pulsões e seus destinos. In: *Obras Incompletas de Sigmund Freud*: As pulsões e seus destinos. Tradução de Pedro Heliodoro. Belo Horizonte: Autêntica, 2016. (Trabalho original publicado em 1915).

FREUD, S. Bate-se numa criança: contribuição para o estudo da origem das perversões sexuais. In: *Obras Incompletas de Sigmund Freud*: Neurose, Psicose, Perversão. Tradução de Maria Rita Salzano Moraes. Belo Horizonte: Autêntica, 2016. (Trabalho original publicado em 1919).

FREUD, S. Carta a Fliess 242 [133]. In: *Obras Incompletas de Sigmund Freud*: Fundamentos da clínica psicanalítica. Tradução de Claudia Dornbuch. Belo Horizonte: Autêntica, 2017. (Trabalho original publicado em 1900).

FREUD, S. Sobre o início do tratamento. In: *Obras Incompletas de Sigmund Freud*: Fundamentos da clínica psicanalítica. Tradução de Claudia Dornbuch. Belo Horizonte: Autêntica, 2017. (Trabalho original publicado em 1913).

FREUD, S. A análise finita e a infinita. In: *Obras Incompletas de Sigmund Freud*: Fundamentos da clínica psicanalítica. Tradução de Claudia

Dornbuch. Belo Horizonte: Autêntica, 2017. (Trabalho original publicado em 1937a).

FREUD, S. Construções em análise. In: *Obras Incompletas de Sigmund Freud*: Fundamentos da clínica psicanalítica. Tradução de Claudia Dornbuch. Belo Horizonte: Autêntica, 2017. (Trabalho original publicado em 1937b).

FREUD, S. O Infamiliar (Das Unheimliche). In: *Obras Incompletas de Sigmund Freud*. Tradução de Ernani Chaves e Pedro Heliodoro. Belo Horizonte: Autêntica, 2019. (Trabalho original publicado em 1919).

FUENTES, M. J. S. *A paixão pela análise*. Belo Horizonte: EBP-MG, 2017.

FUENTES, M. J. S. Deixar-se escrever. In: SANTIAGO, A. L. (org.). *Aposta no passe*. Rio de Janeiro: Contracapa, 2018.

HARARI, A. Entrevista com Angelina Harari sobre a tradução do Seminário 14. *Derivas Analíticas*, n.19, 2024. Disponível em: https://revistaderivasanaliticas.com.br/index.php/entrevista-com-angelina-harari. Acesso em: 01 jun. 2025.

HOUAISS, A. *Dicionário da Língua Portuguesa*. São Paulo: Moderna, 2019.

IANNINI, G. Psicanálise, ciência extima. *Epistemo-somática*, v. 4, n. 1, p. 69-78, 2002.

IANNINI, G. *Estilo e verdade em Jacques Lacan*. Belo Horizonte: Autêntica, 2012.

IANNINI, G. Prefácio. In: *Lacan chinês*. Macéio: EDUFAL, 2016.

IANNINI, G. Da gramática à lógica: roundtrip Aristóteles-Frege: nota sobre intensão e extensão em psicanálise. *Correio: Revista da Escola Brasileira de Psicanálise*, n. 81, p. 111-123, 2017.

LACAN, J. *Le séminaire, livre XXIV*: L'insu que sait de l'une-bévue s'aile à mourre. 1976-77. (Inédito).

LACAN, J. *Le séminaire, livre XXV*: Le moment de conclure. Paris, 1977-78. (Inédito).

LACAN, J. Intervention au Congrès de Deauville (08/01/1978). *Lettres de l'École*, n. 23, 1978.

LACAN, J. *O Seminário, livro 20*: Mais, ainda. Texto estabelecido por Jacques-Alain Miller; tradução de M. D. Magno. Rio de Janeiro: Jorge Zahar Ed., 1985. (Trabalho original proferido em 1972-73).

LACAN, J. *O Seminário, livro 8*: A transferência. Texto estabelecido por Jacques-Alain Miller; tradução de Dulce Duque Estrada; revisão de Romildo do Rêgo Barros. Rio de Janeiro: Jorge Zahar Ed., 1992. (Trabalho original proferido em 1960-61).

LACAN, J. *O Seminário, livro 17*: O avesso da psicanálise. Texto estabelecido por Jacques-Alain Miller; tradução de Ary Roitman. Rio de Janeiro: Jorge Zahar Ed., 1992. (Trabalho original proferido em 1969-70).

LACAN, J. *O Seminário, livro 4*: A relação de objeto. Texto estabelecido por Jacques-Alain Miller; tradução de Vera Ribeiro. Rio de Janeiro: Jorge Zahar Ed., 1995. (Trabalho original proferido em 1956-57).

LACAN, J. O estádio do espelho como formador da função do eu. In: *Escritos*. Tradução de Vera Ribeiro. Rio de Janeiro: Jorge Zahar Ed., 1998. p. 96-103. (Trabalho original proferido em 1949).

LACAN, J. Intervenção sobre a transferência. In: *Escritos*. Tradução de Vera Ribeiro. Rio de Janeiro: Jorge Zahar Ed., 1998. p. 214-225. (Trabalho original proferido em 1951).

LACAN, J. Função e campo da fala e da linguagem em psicanálise. In: *Escritos*. Tradução de Vera Ribeiro. Rio de Janeiro: Jorge Zahar Ed., 1998. p. 238-324. (Trabalho original proferido em 1953).

LACAN, J. A instância da letra no inconsciente ou a razão desde Freud. In: *Escritos*. Tradução de Vera Ribeiro. Rio de Janeiro: Jorge Zahar Ed., 1998. p. 496-533. (Trabalho original publicado em 1957).

LACAN, J. A direção do tratamento e os princípios de seu poder. In: *Escritos*. Tradução de Vera Ribeiro. Rio de Janeiro: Jorge Zahar Ed., 1998. p. 591-652. (Trabalho original publicado em 1958).

LACAN, J. Posição do inconsciente no Congresso de Bonneval. In: *Escritos*. Tradução de Vera Ribeiro. Rio de Janeiro: Jorge Zahar Ed., 1998. p. 843-864. (Trabalho original proferido em 1960a).

LACAN, J. Subversão do sujeito e dialética do desejo no inconsciente freudiano. In: *Escritos*. Tradução de Vera Ribeiro. Rio de Janeiro: Jorge Zahar Ed., 1998. p. 807-842. (Trabalho original publicado em 1960b).

LACAN, J. Kant com Sade. In: *Escritos*. Tradução de Vera Ribeiro. Rio de Janeiro: Jorge Zahar Ed., 1998. p. 776-803. (Trabalho original publicado em 1962).

LACAN, J. *O Seminário, livro 11*: Os quatro conceitos fundamentais da psicanálise. Texto estabelecido por Jacques-Alain Miller; tradução de M. D. Magno. Rio de Janeiro: Jorge Zahar Ed., 1998. (Trabalho original proferido em 1964).

LACAN, J. Do sujeito enfim em questão. In: *Escritos*. Tradução de Vera Ribeiro. Rio de Janeiro: Jorge Zahar Ed., 1998. p. 229-237. (Trabalho original publicado em 1966).

LACAN, J. Conferência em Genebra sobre o sintoma. *Opção Lacaniana: Revista Brasileira Internacional de Psicanálise*, n. 23, p. 6-16, dez. 1998. (Trabalho original proferido em 1975).

LACAN, J. *O Seminário, livro 5*: As formações do inconsciente. Texto estabelecido por Jacques-Alain Miller; tradução de Vera Ribeiro. Rio de Janeiro: Jorge Zahar Ed., 1999. (Trabalho original proferido em 1957-58).

LACAN, J. Proposição de 9 de outubro de 1967 sobre o psicanalista da Escola. In: *Outros escritos*. Tradução de Vera Ribeiro. Rio de Janeiro: Jorge Zahar Ed., 2003. p. 248-264. (Trabalho original publicado em 1967).

LACAN, J. A lógica da fantasia. In: *Outros escritos*. Tradução de Vera Ribeiro. Rio de Janeiro: Jorge Zahar Ed., 2003. p. 323-328. (Trabalho original proferido em 1966-67).

LACAN, J. Nota sobre a criança. In: *Outros escritos*. Tradução de Vera Ribeiro. Rio de Janeiro: Jorge Zahar Ed., 2003. p. 369-370. (Trabalho original proferido em 1969).

LACAN, J. Discurso na Escola Freudiana de Paris. In: *Outros escritos*. Tradução de Vera Ribeiro. Rio de Janeiro: Jorge Zahar Ed., 2003. p. 288-298. (Trabalho original proferido em 1970).

LACAN, J. Nota italiana. In: *Outros escritos*. Tradução de Vera Ribeiro. Rio de Janeiro: Jorge Zahar Ed., 2003. p. 311-315. (Trabalho original publicado em 1973a).

LACAN, J. Televisão. In: *Outros escritos*. Tradução de Vera Ribeiro. Rio de Janeiro: Jorge Zahar Ed., 2003. p. 508-543. (Trabalho original publicado em 1973b).

LACAN, J. Talvez em Vincennes... In: *Outros escritos*. Tradução de Vera Ribeiro. Rio de Janeiro: Jorge Zahar Ed., 2003. p. 316-318. (Trabalho original publicado em 1975).

LACAN, J. Prefácio à edição inglesa do Seminário 11. In: *Outros escritos*. Tradução de Vera Ribeiro. Rio de Janeiro: Jorge Zahar Ed., 2003. p. 567-569. (Trabalho original publicado em 1976).

LACAN, J. Carta de dissolução. In: *Outros Escritos*. Tradução de Vera Ribeiro. Rio de Janeiro: Jorge Zahar Ed., 2003. p. 319-322. (Trabalho original publicado em 1980).

LACAN, J. *O Seminário, livro 10*: A angústia. Texto estabelecido por Jacques-Alain Miller; versão final de Angelina Harari e preparação de texto de André Telles; tradução de Vera Ribeiro. Rio de Janeiro: Jorge Zahar Ed., 2005. (Trabalho original proferido em 1962-63).

LACAN, J. *O Seminário, livro 23*: O sinthoma. Texto estabelecido por Jacques-Alain Miller; tradução de Sérgio Laia. Rio de Janeiro: Jorge Zahar Ed., 2007. (Trabalho original proferido em 1975-76).

LACAN, J. D'Écolage. In: ROCHA, A. T. (org.). *Manual de Cartéis*. Belo Horizonte: Scriptum/EBP-MG, 2010. p. 13-16. (Trabalho original publicado em 1980).

LACAN, J. *O seminário, livro 6*: O desejo e sua interpretação. Texto estabelecido por Jacques-Alain Miller; tradução de Vera Ribeiro. Rio de Janeiro: Jorge Zahar Ed., 2016. (Trabalho original publicado em 1958-59).

LACAN, J. O mal-entendido, lição de 10/06/1980. *Opção Lacaniana: Revista Brasileira Internacional de Psicanálise*, n. 72, mar. 2016. (Trabalho original proferido em 1980).

LACAN, J. Le jouir de l´être parlant s´articule. *La cause du désir*, n. 101, p. 11-14, 2019. Disponível em: https://shs.cairn.info/revue-la-cause-du-desir-2019-1-page-11?lang=fr. Acesso em: 1º jun. 2025. (Trabalho original publicado em 1971).

LACAN, J. *Le séminaire, livre XIV*: La logique du fantasme. Paris: Seuil, 2023. (Trabalho original proferido em 1966-67).

LACAN, J. *O Seminário, livro 14*: A lógica do fantasma. Texto estabelecido por Jacques-Alain Miller; tradução de Theresinha N. Meirelles do Padro; versão final de Angelina Harari. Rio de Janeiro: Jorge Zahar Ed., 2024. (Trabalho original proferido em 1966-67).

LACOSTE, F. *Dicionário crítico de teologia*. Tradução de Paulo Meneses *et al.* São Paulo: Paulinas, 2004.

LAIA, S. 1, 2, 3 e... (em andamento vivace). In: SANTIAGO, A. L. (org.). *Aposta no passe*. Rio de Janeiro: Contracapa, 2018a.

LAIA, S. 1, 2, 3 e... *Opção Lacaniana: Revista Brasileira Internacional de Psicanálise*, n. 78, p. 246-257, 2018b.

LAIA, S. O furo, em corpo, ainda. *Curinga*, n. 46, p. 238-246, 2018c.

LAIA, S. O furo que sopra. *Curinga*, n. 45, p. 123-159, 2018d.

LAIA, S. Interpretação: a heresia do analista. *Curinga*, n. 47, p. 90-105, 2019.

LAURENT, É. Princípios diretores do ato psicanalítico. *Correio: Revista da Escola Brasileira de Psicanálise*, n. 56, p. 5-9, 2016.

LAURENT, É. *Retrato de Joyce como Santo Homem*. Rio de Janeiro: Jorge Zahar, 2017.

LE ROBERT. *Les dictionnaires de français*. 2014. Disponível em: https://www.lerobert.com/dictionnaires/francais. Acesso em: 1º jun. 2025.

LÓPEZ, G. A. Do santo ao artista, a heresia de Joyce. *Opção Lacaniana: Revista Brasileira Internacional de Psicanálise* , v. 8, n. 24, p. 1-13, 2017.

MANDIL, R. A. *Os efeitos da letra*: Lacan leitor de Joyce. Belo Horizonte: Contracapa, 2003.

MANDIL, R. A. Há um acontecimento de corpo? *Opção Lacaniana online nova série*, ano 5, n, 13, mar. 2014.

MANDIL, R. A. Conjunto vazio. In: SANTIAGO, A. L. (org.). *Aposta no passe*. Rio de Janeiro: Contracapa, 2018.

MILLER, J.-A. *Percurso de Lacan*: uma introdução. Tradução de Ari Roitman. Rio de Janeiro: Jorge Zahar Ed., 1988.

MILLER, J.-A. Clínica irônica. In: *Matemas I*. Tradução de Sérgio Laia. Rio de Janeiro: Jorge Zahar Ed., 1996.

MILLER, J.-A. *A erótica do tempo*. São Paulo: Escola Brasileira de Psicanálise, 2000.

MILLER, J.-A. A lógica do tratamento do pequeno Hans segundo Lacan. *Assephallus: Revista Eletrônica do Núcleo Sephora*, v. 4, n. 7, p. 70-85, 2008.

MILLER, J.-A. Mulheres e semblantes II. *Opção Lacaniana: Revista Brasileira Internacional de Psicanálise*, v. 1, n. 1, p. 1-25, 2010a.

MILLER, J.-A. Haveria Passe? *Assephallus*, v. 5, n. 10, p. 90-100, 2010b.

MILLER, J.-A. *Donc, la lógica de la cura*. Buenos Aires: Paidós, 2011a.

MILLER, J.-A. Troisième séance du Cours. *Orientation lacanienne*, n. 3, v. 13, p. 113-125, 2011b.

MILLER, J.-A. Ler um sintoma. *Opção Lacaniana: Revista Brasileira Internacional de Psicanálise* , n. 70, p. 67-78, 2011c.

MILLER, J.-A. O real no século XXI. *Opção Lacaniana: Revista Brasileira Internacional de Psicanálise*, n. 63, 11-20, 2012.

MILLER, J.-A. *El ultimísimo Lacan.* Los cursos psicoanaliticos de Jacques-Alain Miller. Tradução de Stéphane Verley. Buenos Aires: Paidós, 2013a.

MILLER, J.-A. Uma reflexão sobre o Édipo e seu para-além. *Opção Lacaniana: Revista Brasileira Internacional de Psicanálise*, n. 67. p. 9-16, 2013b.

MILLER, J.-A. O Outro sem Outro. *Opção Lacaniana: Revista Brasileira Internacional de Psicanálise*, n. 67, p. 17-30, 2013c.

MILLER, J.-A. Lacan, professor de desejo. *Opção Lacaniana: Revista Brasileira Internacional de Psicanálise*, n. 12, p. 89-99, 2013d.

MILLER, J.-A. Apresentação do "Seminário 6": o desejo e sua interpretação, de Jacques Lacan. *Opção Lacaniana online nova série,* ano 5, n. 14, 2014a. Disponível em: http://www.opcaolacaniana.com.br/pdf/numero_14/Apresentacao_do_seminario_6.pdf. Acesso em: 1º jun. 2025.

MILLER, J.-A. *O inconsciente e o corpo falante.* Apresentação do tema do X Congresso da AMP. 2014b. Disponível em: https://www.congressoamp2016. com/uploads/8d43a017ed95340e07f9ca4dbb5cb235eb472a04.pdf. Acesso em: 1º jun. 2025.

MILLER, J.-A. *O osso de uma análise + O inconsciente e o corpo falante.* Rio de Janeiro: Jorge Zahar Ed., 2015.

MILLER, J.-A. *Del sintoma al fantasma.* Buenos Aires: Paidós, 2018a.

MILLER, J.-A. *A psicose ordinária.* Belo Horizonte: Scriptum, 2018b.

MILLER, J.-A. A favor do passe, Delenda. In: SANTIAGO, A. L. (org.). *Aposta no passe.* Rio de Janeiro: Contracapa, 2018c.

MILLER, J.-A. Avesso do passe. In: SANTIAGO, A. L. (org.). *Aposta no passe.* Rio de Janeiro: Contracapa, 2018d.

MILLER, J.-A. Proposição sobre "A lógica do fantasma". *Opção Lacaniana: Revista Brasileira Internacional de Psicanálise*, n. 88, abr. 2024.

MILNER, J. C. *Os nomes indistintos.* Rio de Janeiro: Companhia de Freud, 2006.

MORA, J. *Dicionário de filosofia.* Tradução de Antonio José Massano e Manuel J. Palmeirim. Lisboa: Dom Quixote, 1991.

NAPARSTEK, F. *El fantasme, aun*. Buenos Aires: Grama, 2018.

NAVEAU, P. *A ordem simbólica no século XXI não é mais o que era*. Belo Horizonte: Scriptum, 2011.

OLIVEIRA, M. P. Melanie Klein e as fantasias inconscientes. *Winnicott prints*, v. 2, n. 2, p. 1-19, 2007.

PACOMIO, A.; MANCUSO, S. *Dicionário teológico enciclopédico*. São Paulo: Vozes, 2002.

RABINOVICH, D. *La teoría del yo en la obra de Jacques Lacan*. Buenos Aires: Manantial, 1986.

SANTIAGO, A. L.; MEZÊNCIO, M. (orgs.). *A psicanálise do hiperativo e do desatento... com Lacan*. Belo Horizonte: Scriptum, 2013.

SANTIAGO, A. L. O feminino: defesa contra o trauma. *Curinga*, n. 38, p. 90-99, 2015.

SANTIAGO, A. L. "Coup de foudre". In: SANTIAGO, A. L. (org.). *Aposta no passe*. Rio de Janeiro: Contracapa, 2018.

SANTIAGO, J. A fantasia como um nome dos limites do simbólico (comentários). *Opção Lacaniana: Revista Brasileira Internacional de Psicanálise*, n. 61, p. 31-36, 2011.

SANTIAGO, J. O nome, o oco e a fonação. *Opção Lacaniana: Revista Brasileira Internacional de Psicanálise*, n. 67, dez. 2013.

SANTIAGO, J. Hamlet e a lógica da fantasia. In: *Diretoria na Rede*. Belo Horizonte: EBP-MG, 2014a. Disponível em: ebp.org.br/adr/orientacao/orientacao011.asp. Acesso em: 1º jun. 2025.

SANTIAGO, J. El nombre, el hueco y la fonación. *Freudiana*, v. 1, n. 1, p. 101-107, 2014b.

SANTIAGO, J. O herói em pedaços. *Opção Lacaniana: Revista Brasileira Internacional de Psicanálise*, n. 70, p. 101-130, 2015.

SANTIAGO, J. O novo imaginário é o corpo. *Derivas Analíticas*, n. 11, dez. 2019. Disponível em: http://revistaderivasanaliticas.com.br/index.php/corpo2. Acesso em: 1º jun. 2025.

SANTIAGO, J. O engodo viril. In: SANTIAGO, A. L. (org.). *Aposta no passe*. Rio de Janeiro: Contracapa, 2018.

SEYNHAEVE, B. Subjective Urgency and Transferential Unconscious. *Argument: Urgence*, v. 18, n. 9, p. 23-36, 2019.

SCHEJTMAN, F. *Sinthome*. Belo Horizonte: Scriptum, 2005.

SCHEJTMAN, F. *Ensayos de clínica psicoanalítica nodal.* Buenos Aires: Grama, 2011.

SHAKESPEARE, W. *Hamlet*. Tradução de Millôr Fernandes. Porto Alegre: L&PM, 1996.

SILVA, V. C. C. da. *Da selva imaginária à fantasia fundamental*: variações sobre a lógica da fantasia em Freud. Dissertação (Mestrado em Psicologia) – Faculdade de Filosofia e Ciências Humanas, Universidade Federal de Minas Gerais, Belo Horizonte, Brasil, 2014.

SILVA, V. C. C. da. *A lógica da fantasia e mais além*. Tese (Doutorado em Psicologia) – Faculdade de Filosofia e Ciências Humanas, Universidade Federal de Minas Gerais, Belo Horizonte, Brasil, 2020.

SILVESTRE, R. S. *Um curso de lógica*. Petrópolis: Vozes, 2011.

STEVENS, A. O analista poeta. *Quarto*, n. 83, p. 36-37, 2005.

TARRAB, M. E o sopro torna-se signo. *Opção Lacaniana: Revista Brasileira Internacional de Psicanálise*, n. 46, p. 130-137, 2006.

TAVARES, P. H. O *sinthome* como a heresia teórica de Lacan. *Ágora: Estudos em Teoria Psicanalítica*, v. 3, n. 1, p. 35-49, 2010.

TEIXEIRA, A. M. R. O caramujo sintoma: função e limite da historicidade na clínica psicanalítica. In: AIRES, S.; LEITE, N. V. de A.; RAMOS, J. G. M. (orgs.). *A historicidade não é o que se espera*. Campinas, SP: Mercado de Letras, 2017.

VALÉRY, P. Primeira aula do curso de poética. In: *Variedades*. Organização de João Alexandre Barbosa; tradução de Maiza Martins de Siqueira. São Paulo: Iluminuras, 1991. (Trabalho original publicado em 1937).

VIEIRA, M. A. Passe e Witz. In: HOLCK, A. L. L.; SANTOS, A. R. (orgs.). *O que se passa? Análises lacanianas e outras histórias.* Rio de Janeiro: Subversos, 2012.

VIEIRA, M. A. Como morder o mar?. In: SANTIAGO, A. L. (org.). *Aposta no passe*. Rio de Janeiro: Contracapa, 2018.

VIEIRA, M. A. Sobre o falocentrismo (ou Notas de psicanálise, sexo e política, primeira parte). In: *AMP Blog*, abr. 2019. Disponível em: http://uqbarwapol.com/sobre-o-falocentrismo-ou-notas-de-psicanalise-sexo-e-politica-primeira-parte-marcus-andre-vieira-ebp/. Acesso em: 1º jun. 2025.

CONHEÇA OS TÍTULOS PUBLICADOS PELA COLEÇÃO BIP

- *A droga do toxicômano: uma parceria cínica na era da ciência*, de Jésus Santiago, 2017.
- *A distinção do autismo*, de Rosine Lefort e Robert Lefort; Tradução de Ana Lydia Santiago e Cristina Vidigal, 2017.
- *O que esse menino tem? Sobre alunos que não aprendem e a intervenção da psicanálise na escola*, de Ana Lydia Santiago e Raquel Martins Assis, 2018.
- *Fundamentos da prática lacaniana: risco e corpo*, de Angelina Harari, 2018.
- *A supervisão (controle) na formação do psicanalista*, de Rômulo Ferreira da Silva, 2019.
- *Lacan e a solução elegante na psicose*, de Henri Kaufmanner, 2023.
- *O psicótico e o psicanalista*, de Jacques Borie; Tradução de Ana Lydia Santiago e Luciana Silviano Brandão, 2023.
- *A psicanálise e o crime: passagem ao ato,* acting-out *e ato criminoso*, de Maria José Gontijo, 2025.
- *Que queres? A fantasia fundamental e seu mais além*, de Virgínia Carvalho, 2025.

Coleção BIP
Biblioteca do Instituto de Psicanálise

1ª edição [2025]

Esta obra foi composta com as famílias tipográficas
Minion Pro e DIN 2014 e impressa sobre papel
Pólen Natural 80 g/m² para a Relicário Edições.